Björn H. Katzur

In der Möwe liegt die Kraft

Björn H. Katzur

wurde 1981 in Hannover geboren, hat dort ein Studium der Biologie abgeschlossen und wurde 2007 in Kiel angespült.

Trotz mehrerer Stipendien in der Forschung zog es ihn auf die Bühne. Von 2011 bis 2014 prägte er als Autor und Darsteller die satirische Bühnenshow »Traurich & Alt«. Seit 2012 präsentiert und performt er die gespielten Krimilesungen »Dinner mit Leiche«. Seit 2011 liegt ein weiterer Schwerpunkt auf Poetry Slam mit zahllosen Auftritten in Deutschland, Österreich und der Schweiz. Er moderiert Veranstaltungen und war mehrfach Finalist der Schleswig-Holstein-Meisterschaften sowie 2015 und 2017 im Finale bzw. Halbfinale der deutschsprachigen Poetry-Slam-Meisterschaften. 2015 erhielt er ein Literaturstipendium des Landes Mecklenburg-Vorpommern.

In Kiel ist er Mitglied der Lesebühne *Irgendwas mit Möwen*. Eine erste Textsammlung erschien 2015. Dazu Veröffentlichungen in Zeitschriften und Anthologien (zuletzt »Irgendwas mit Möwen«, KJM Verlag: 2019).

BJÖRN H. KATZUR

IN DER MÖWE LIEGT DIE KRAFT

GESCHICHTEN & FLUGVOGELPOESIE

ILLUSTRIERT VON FERIC TÖRTCHEN

SATYR VERLAG

1. Auflage März 2020

© Satyr Verlag Volker Surmann, Berlin 2020
www.satyr-verlag.de

Covermotiv & Illustrationen: Feric Törtchen
Autorenfoto: Pierre Jarawan
Audioaufnamen: Fynn Grusdt/Krabben Records
© Musik komponiert und eingespielt von Dr. Martin Stelzle
Keine unerlaubte Sendung und Vervielfältigung!
Korrektorat: Matthias Höhne
Druck: CPI Books, Clausen & Bosse, Leck
Printed in Germany

Die Deutsche Nationalbibliothek verzeichnet diese Publikation in der Deutschen
Nationalbibliografie; detaillierte bibliografische Daten sind im Internet abrufbar
über: http://dnb.d-nb.de

Die Marke »Satyr Verlag« ist eingetragen auf den Verlagsgründer Peter Maassen.

ISBN: 978-3-947106-43-1

Inhalt

III. Lebensraum

IV. Biologie

In der Möwe liegt die Kraft

Lang blickte ich zur Möwe hin,
prüfte optisch Herz und Nieren.
Ergibt das zoologisch Sinn?
Kann man auf einen Vogel stieren?

Möwen haben's mir angetan,
sind ohne Denken, ohne Plan,
sind bloß Trieb, Instinkt, Reflex.
Fischaroma – trotzdem Sex.

In Beobachtung gefangen
sah ich auf das Tier am Strand,
das grad loslief und mit langen
Flügelschlägen flugs verschwand.

Ich nahm das Bild und ging nach Haus,
vorbei an matten Badeleibern,
und malte mir im Kopf schon aus,
dies »Menschsein« etwas zu erweitern:

Die Möwe sei mein Totemtier:
nie mehr scheitern, nie mehr siegen.
Und fehlt der feste Boden mir,
über alle Sorgen fliegen.

Bloß leben, sein, in einem fort.
Wenn ich grüble, zweifle, seufz,
dann denk ich an das Bibelwort:
Nicht säen, ernten, trotzdem läuft's!

Sollten Gedanken einst nicht reichen,
und werd ich wieder trüb statt heiter,
dann muss der Mensch der Möwe weichen
und ich gehe halt noch weiter.

Kleidung, Ausweis, Geld verbrennen,
noch nicht ganz fliegen, aber rennen.
Lachend, kreischend, voller Possen
such ich meine Artgenossen

und bin am Strand einer der ihren,
eins mit den Flugvogeltieren.
Befreit ein Schrei, ich hab's geschafft:
In der Möwe liegt die Kraft!

I. Paarungsverhalten

Liebe in den Zeiten der Möwe

Die Möwe sah den Möwerich,
der Möwerich dafür die Möwe.
Sie war ganz still und sittelich,
er ganz schön laut, mit viel Getöse.

Natürlich muss das nicht so sein:
Er hätte still, sie laut sein können.
Doch diese zwei bei Mondenschein
kann ich nur so, nicht so benennen.

Recht männlich war der Möwerich
und eher weiblich war die Möwe,
das mochten sie zum Glück an sich,
sonst wär es jetzt romantisch öde.

Sie mochten sich an diesem Ort,
einander und auch jeweils sich.
Sie flogen dann zusammen fort,
was dann geschah, das weiß ich nicht.

Liebe - ein überholtes Konzept oder immer noch eine gute Einnahmequelle?

Was ist Liebe?

Baby, don't hurt me! Baby, don't hurt me!

Der griechische Philosoph Platon – oder Plattiboy, der Ideenmaster, wie ihn seine Brudis nannten – beschrieb einen Mythos, nach dem die Menschen einst als »Kugelmenschen« existierten: große Kugeln mit vier Armen, vier Beinen und zwei Gesichtern. Da die Götter diese Wesen komplett albern fanden, hätten sie sie zerteilt und seitdem haben wir den Salat mit Fetakäse.

Nicht nur, dass die halbierten Resultate nun von einem unstillbaren Verlangen nach einem Gegenüber erfüllt sind, mit dem sie reden und Schweinereien machen können, nein, es fällt uns jetzt ungleich schwerer, an unseren Händen bis zwanzig zu zählen. Danke, Zeus!

Man mag von Platons Mythos halten, was man will. Plattiboy zumindest ist derbe tot und ihm kann das egal sein. Man sollte aber bedenken, dass Platon krass einen an der Waffel hatte – beziehungsweise an der Waffelos, wie man in Athen sagte.

So neigte er dazu, Menschen zu entführen und in einer Höhle zu fesseln, damit sie dort sein Schattenriss-Theater betrachten mussten. Darauf angesprochen stritt er alles ab und behauptete, es handele sich um ein »Gedankenexperiment«, eine Taktik, die sich unter großen Denkern bis heute gehalten hat.

So tarnte Erwin Schrödinger seinen Fetisch, Katzen mit Gift in Kisten zu stecken, als Physik und der bis heute noch nicht zur Anklage gebrachte Fall des Serienkillers Richard David Precht erschüttert immer noch die Nation.

Der selbst ernannte Philosoph Precht hatte seine Opfer unter Drogen so lange einer Gehirnwäsche unterzogen, bis sie sich nicht einmal mehr an ihren Namen erinnern konnten, und sie dann bei vollem Bewusstsein zerstückelt, um dann die Aussagen dieser armen Menschen in dem brutalen Bericht seiner Taten »Wer bin ich? Und wenn ja, wie viele« zu veröffentlichen. Schauderhaft.

Dass der nicht minder gestörte Platon aber doch zumindest teilweise recht hatte, erkennt man daran, dass wir alle wissen, dass Menschen sich noch immer nach einem Partner/einer Partnerin sehnen und dementsprechend Leute in Beziehungen immer glücklich sind. Klarer Beleg dafür ist, dass ein Drittel aller Mordfälle in der Ehe geschieht, einfach, weil man das viele Glück nicht mehr aushält.

Wie findet man aber einen Partner, den man dann umbringen kann?

Wie wir alle wissen, gestaltete sich die Partnersuche früher sehr leicht. Auf meinem Dorf reichte es in meiner Jugend noch, beim Dorffest die eigene Cousine so betrunken zu machen, dass sie das Konzept von Erbschäden nicht mehr verstand, oder ein Schwein hübsch anzuziehen und den Standesbeamten betrunken zu machen.

Auch heute noch spielt Alkohol eine wichtige Rolle bei der Partnerfindung: zunächst, um sich ungehemmter kennenzulernen, später für die offenen Stellen, mit denen man sich nicht zum Arzt traut.

Das menschliche Paarungsverhalten gleicht in vieler Hinsicht dem anderer Tiere. Wie ein Pfau seine Federn spreizt, klappen

die Menschenmännchen ihren Hemdkragen hoch, um größer und imposanter zu wirken. Die Weibchen hingegen wollen, wie zum Beispiel weibliche Enten, unscheinbar wirken, um in Ruhe nisten zu können, weswegen sie sich verschiedene Farben auf die Gesichter auftragen, die im bunten Discolicht beste Camouflage bieten.

Außerdem gibt es Dating-Apps, mit denen man das mysteriöse Flirten überspringen kann, das eh nur in Tränen endet. Zumindest bei mir. Soll sagen: Ich bin es immer, der weint.

Der Nachteil von Dating-Apps ist, dass man dann den Freunden nicht die Wahrheit sagen kann, sondern erzählen muss, man habe sich zufällig nackt in einem der beiden Schlafzimmer kennengelernt.

Nehmen wir aber an, die ersten Schritte sind gemacht: Wie eine Beziehung führen?

Zunächst sei angemerkt, dass ich Single bin. Also, Ladys ... und wohlhabende, gepflegte Herren ...

Single zu sein macht mich selbstverständlich zu einem Experten in Beziehungsdingen. Es hilft immer, ein Außenstehender zu sein. Bei Sanitärproblemen holt man ja auch einen Klempner und fragt nicht das Klo.

Wie meine Oma immer zu sagen pflegte: Beziehungen sind weirder Shit!

Wir alle sind in engen menschlichen Beziehungen – seien es Freundschaften oder Beziehungen mit einem höheren horizontalen Anteil – höchst verwundbar, was unseren Selbstwert angeht. Übermäßige Verletzlichkeit, Eifersucht, Kontrollzwang, emotionale Erpressung und sogar körperliche Gewalt oder das Androhen von Selbstmord sind dabei einige der kurzweiligen Vergnügungen, mit denen wir das romantische Prickeln aufrechterhalten.

Oftmals erwartet man auch unausgesprochen Formen der Hinwendung vom Partner, die dieser nur über Telepathie oder das verspielte Lesen privater Korrespondenz oder des geheimen Tagebuchs herausfinden kann.

Wir suchen in zwischenmenschlichen Beziehungen bedingungslose Liebe, Zuwendung und das intuitive Erspüren unserer Bedürfnisse – Dinge, die so nur Eltern ihrem Nachwuchs geben können.

Da dies aber nicht immer geschieht, weil Kinder schreien und stinken und auch gar nicht immer so hübsch sind, tragen wir den Wunsch nach dieser Form der Liebe unser ganzes Leben lang unaufgelöst mit uns herum und geben diese Leere wiederum an unsere Kinder weiter. So wie bei einem Staffellauf, nur quasi mit einer Kackwurst als Staffelstab.

Da einem nun aber ein erwachsener Mensch diese Art der elterlichen Liebe nie wird geben können – zumindest, wenn man nicht gerade Ödipus oder Elektra heißt –, muss man lernen, mit dieser ungestillten Sehnsucht umzugehen. Dies kann viel Selbstreflexion, schmerzhafte Erkenntnisse über sich selbst und kaum auszuhaltende Gefühle bedeuten.

Das klingt scheiße!

Es gibt aber eine gute Nachricht: Da die künstliche Befruchtung gute Fortschritte macht, Alkohol und andere Drogen unangenehme Gefühle recht gut betäuben können und Sexroboter im nächsten Jahrzehnt Serienreife erlangen werden, ist dieser ganze Aufwand zum Glück nicht mehr wirklich zu rechtfertigen!

Auf die Zukunft der neuen, verbesserten Liebe!

Das Date

Ich verstehe Frauen nicht. Ist jetzt an sich kein Wunder, denn ein Großteil der Frauen auf der Welt spricht weder Deutsch noch Englisch.

Und eigentlich verstehe ich Frauen schon, sind ja Menschen wie ich, nur meist mit schöneren Körpern und weniger Spaß am Furzen in der Öffentlichkeit.

Genau genommen verstehe ich Frauen nur nicht, wenn es darum geht, miteinander ins Bett zu gehen oder eine Beziehung zu haben. Allerdings verstehe ich mich selbst in entsprechenden Situationen auch nicht immer, also ist das ausgeglichen.

Irgendwie.

Jedenfalls saß ich mit Anna in dem kleinen Café. Wir hatten uns im Internet kennengelernt. Sie war positiv überrascht, dass ich mit ihr schrieb, ohne ihr gleich ein Bild von meinem Penis zu schicken, und ich war erleichtert, dass die Kamera meines Handys gerade kaputt war.

Ich gab mich gewohnt souverän: »Kannst du mir etwas Geld leihen?«

Anna starrte mich entsetzt an.

»Ist nicht für mich. Meine Mutter ist schwer krank.«

Anna blickte immer noch skeptisch. Erst auf mich, dann auf meine Mutter, die neben mir saß und bereits ihren fünften Kurzen exte.

Warum hatte ich nicht Nein sagen können, als sie mitkommen wollte?

»Ich will ja sehen, aus welchem Becken – endlich mal – meine Enkel plumpsen werden.«

Das war ihre Begründung.

So hatte sie sich auch Anna vorgestellt.

»Sie sieht nicht krank aus«, bemerkte Anna trocken.

»Danke, Süße«, meinte meine Mutter. »Du bist auch nicht schlecht. Könntest aber ruhig mal wieder etwas ausschlafen oder in die Sonne. Wa?«

Lachend boxte meine Mutter mir in die Seite. Ich versuchte, die Situation zu retten, und zischte Anna zu: »Ich meine alkoholkrank. Sie braucht einen Entzug.«

Meine Mutter lachte: »Hahaha, das einzige Problem, das ich mit Alkohol habe, ist, dass mein Weichei von Sohn nie mithalten kann. Ein Fläschchen Korn und schon liegt er weinend in der Ecke und versucht, seine Ex anzurufen.«

»Mama«, fauchte ich.

»Stimmt doch! ›Wäwäwä. Ich muss Jennifer anrufen. Sie muss doch auch noch Gefühle für mich haben.‹ – Ha! Gefühle. Einmal hat sie mit ihm rumgeknutscht. Und ich glaube, das auch nur aus Mitleid.«

»Mama!«

Anna blickte sich inzwischen hilfesuchend im Raum um.

Dann ging ihr Blick Richtung Handy. Ich ahnte, was da vor sich ging. Aber erneut war meine Mutter schneller: »Na, hast du einen Notfallanruf für das Date vereinbart? Haha. Musst du nicht. Wenn wir dir nicht passen, kannst du von mir aus einfach abhauen oder dich zu den beiden Seemännern dahinten setzten. Ich würd's verstehen.« Mit diesen Worten zwinkerte meine Mutter zum wiederholten Male den Seemännern in der anderen Ecke des Raumes zu.

Ich wollte nur noch nach Hause.

»Aber bleib noch, Süße ... Wie heißt du noch mal?«

»Anna.«

»Anna, genau. Ich bin Kathrin. Anna ... Ha! Irgendwas muss an diesem Namen sein. War das nicht auch eine Anna, bei der du nachts ständig heulend vorm Fenster standst, wenn sie mit ihrem Macker zugange war?«

»Mama!«

»Doch, doch, genau. Bis der Typ dich dann eines Nachts verprügelt hat, weil du so genervt hast.«

»Mama!«

»Was denn? Stimmt doch! War doch aber super. Mit dem Schmerzensgeld konnten wir das Auto abbezahlen. Ich habe noch gesagt, er soll eine Masche draus machen, damit wir zu Geld kommen.«

»Mama! Ich habe Anna wirklich geliebt, das war keine Masche.«

»Hä? Geliebt? Als ihr am Anfang noch zusammen wart, hast du sie doch dauernd mit diesen Frauen aus dem Internet betrogen. Hätte ich deine Tastatur nicht regelmäßig abgewischt, wäre die irgendwann kristallisiert und zerbröselt.«

»Mama!«

Anna guckte mich jetzt offen entsetzt an. Meine Mutter bestellte noch einen Schnaps und meinte: »Also, ich merke schon: Irgendwie bist du meinem Sohn nicht so zugetan. Kann ich gut verstehen. Ich muss ihn ja lieben, aber du hast die Wahl.«

»Mama!«

»Ruhe, ich unterhalte mich! Also, Anna, ich würde dir raten, bestell noch 'nen Drink auf Kosten meines Sohns und dann setzen wir uns rüber zu den Seemännern!«

Anna guckte meine Mutter an.

Meine Mutter guckte Anna an.

Anna guckte mich an.

Ich guckte traurig in die Luft.

Anna guckte meine Mutter an.

Dann winkte sie den Kellner herbei, bestellte sich ein Getränk zum Tisch mit den Seemännern und deutete auf mich wegen der Bezahlung. Dann sagte sie zu meiner Mutter: »Ich mag dich, Kathrin, du bist wenigstens ehrlich.«

Dann gingen beide zu den Seemännern an den Tisch.

Ich guckte noch etwas traurig.

Dann bestellte ich mir eine Flasche Schnaps. Vielleicht könnte ich heute wenigstens noch lernen, mit meiner Mutter mitzuhalten. Dann wäre dieser Abend nicht ganz vergebens.

Im Krieg und in der Liebe

Ehe. Der heilige Bund. Ein Band, das zwischen zwei Menschen geknüpft wird, ein Schwur der Liebe, das Versprechen, für immer zusammen das Leben zu meistern.

Eine Definition wird aber häufig übersehen: die Ehe als militärische Allianz. Ich habe mal ein Zitat gelesen, ich glaube von Bismarck: Die Deutschen seien wie alte Ehepartner: Sich selbst überlassen, stritten sie sich. Feindete sie aber ein Nachbar an, bildeten sie eine Einheit und verbündeten sich gegen ihn.

Die Ehe als Kampf: ein Klischee, wohl so alt wie die Institution selbst. Lang oder frisch verheiratete Paare, die statt Worten lieber fliegende Teller sprechen lassen. Aber auch der Kampf, überhaupt erst zusammen sein zu dürfen: Romeo und Julia kämpften ihn mit eher suboptimalem Ausgang und auch heute müssen sich viele Menschen mit ihrem Wunschpartner erst gegen die Eltern, Freunde oder die Empfehlungen des Hausarztes durchsetzen.

Nun, warum sollten da die Ähnlichkeiten enden? Warum das Sinnbild nicht zu Ende denken? Ehe als Kampf. Nicht untereinander! Der Bund der Ehe ist ja auch ein Bündnis. Wie die NATO! Ein Nachbar mag sich über Lärm beschweren. Aber was wird er sich nach lauter Musik zurücksehnen, wenn die ersten Schrapnell-Geschosse in seinem Garten explodieren!

Wenn es im Beruf nicht richtig vorangeht, warum sich untereinander kritisieren? Der Arbeitgeber wird sich bestimmt ganz neu auf Verhandlungen einlassen, sobald man mit einem Panzer in seiner Einfahrt steht.

Gut, ein Panzer gehört klassischerweise nicht zu jedem privaten Fuhrpark. Aber mit genügend Pappe, Sprühfarbe und einer guten Lautsprecheranlage, die das Geräusch von rollenden Ketten simuliert, lässt sich der eigene Kleinwagen gehörig aufpeppen.

Zur Hochzeit kann man sich meist sehr genau wünschen, was man geschenkt bekommen möchte. Es läuft dann oft auf Geschirr, Bettwäsche, eine Küchenuhr, Elektrogeräte und andere langweilige Haushaltsgegenstände hinaus. Da muss sich doch eine Flak draus basteln lassen. Zumindest wenn man so enge Freunde hat, dass man sich große Mengen Schwarzpulver wünschen kann, ohne allzu neugierige Rückfragen beantworten zu müssen.

Das Schöne sind die vielen positiven Nebeneffekte: Beim Ausheben von Schützengräben lockert man das Erdreich und tut auch gleich dem Garten etwas Gutes. Wenn der Stauraum im Keller oder auf dem Dachboden ausgeht, fallen die benachbarten Grundstücke eben einem kleinen Eroberungsfeldzug anheim. Kinder muss man nicht dem maroden öffentlichen Schulsystem anvertrauen und hilflos zusehen, wie Fernsehen und Internet ihr Gehirn zerstören. Man kann als Familie gemeinsam etwas Sinnvolles erleben: harten Drill und Geländemanöver.

Endlich zeigt sich, wofür der natürliche Trieb von Kindern zu Zerstörung und Chaos gut ist: Ihr seht vielleicht kleine Wonneproppen mit unschuldigem Kinderlachen, ich sehe potenzielle Streitkräfte!

Und das Beste: Um wie viel stabiler wird so eine Ehe? Wenn man nur noch der eigenen Frau, dem eigenen Mann vertrauen kann, weil der Rest der Welt Feinde oder instrumentalisierte und entbehrliche Bündnispartner sind, da ist es doch so wichtig, diese eine Person zu haben, der man uneingeschränkt vertrauen kann.

Und spätestens, wenn sich dann in Den Haag vor Gericht auf der Anklagebank zwei Hände finden und gegenseitig Kraft schenken, weiß man: Im Krieg und in der Liebe ist alles erlaubt.

Homophonie

Ich bin ein Mann! Ich mag Baumärkte und Werkzeug und Grillen und Blowjobs und Schnell-Fahren und große Baumaschinen und In-den-Arm-genommen-Werden und Schwäche-Zeigen und wenn jemand meine langen Wimpern hübsch findet und Händchenhalten mit anderen Männern.

Vielleicht würde ich auch Sex mit anderen Männern mögen, hab ich noch nie probiert. Und meine Mutter hat immer gesagt, ich weiß erst, dass ich etwas nicht mag, wenn ich es probiert habe. Da ging es eher um Essen, sonst würde diese Geschichte jetzt eine weirde Wendung nehmen, aber an sich war es ein guter Ratschlag. (Gut, Genozid habe ich auch noch nie probiert. Ich würde ihn ziemlich sicher trotzdem nicht mögen und wer hat da auch die Zeit für?)

Zwei Menschen stehen auf der Straße und küssen sich. Wie reagiert man da?

Nun, je nach Laune rufe ich »Nice!« oder »Die küssen sich, die küssen sich!«. Das habe ich mit fünfzehn gemacht, das mache ich über zwanzig Jahre später immer noch, für manches wird man nie zu alt.

Andere reagieren da angemessener, gucken nur einen Moment verträumt zum Ausdruck der Liebe, reiben sich kurz ihre Nippel und murmeln: »Geil.«

Ich glaube zumindest, dass dies die normale Reaktion ist, und versuche, mir diese jetzt auch anzugewöhnen.

Für manche Menschen hängt ihre Reaktion davon ab, wer sich da küsst. Ein Mann und eine Frau? »Awww, süß.« Zwei Männer? »Igitt, wenn das die Kinder sehen!« Zwei Frauen? »Whooohoooo, yeah!«

Gut, das Letzte war auch ich in der Vergangenheit, bis mir auffiel, dass es nicht cool ist, auch wenn sich manche über den Zuspruch gefreut haben. Aber die, die mich dafür verprügelt haben, waren mehr und stärker als ich und hatten außerdem recht.

Ist natürlich erfunden. Mich hat noch nie jemand verprügelt. Egal, was ihr in einschlägigen Fail-Compilations bei YouTube seht. Das waren Stunts. Wirklich Stunts! Und die Backenzähne brauchte ich wirklich nicht mehr.

Als »Homophobie« bezeichnet man üblicherweise Feindlichkeit gegenüber Homosexuellen und erweitert anderen LGBT-Menschen.

Ein »Homophon« ist ein Wort, das genau wie ein anderes klingt. Funfact: »Homophobie« – ein veraltetes Wort für die Angst vor Männlichkeit – ist ein Homophon von »Homophobie«, Homosexuellenfeindlichkeit. Und obwohl im Wort »Homophobie« eine »Phobie«, also Angst, steckt, ist es keine Angst.

Phobie ist: »Ahhh, ich hab Angst, ich muss weg hier.«

Homophobie ist: »Ahhh, das finde ich widerlich, die sollen weg hier. Für immer!«

Es *ist* keine Phobie. Es ist nicht wie Angst vor Spinnen: »Schatz, da ist 'ne Lesbe im Badezimmer. Bring sie raus, aber bitte mach sie nicht tot!«

Daher ist es auch ein Homophon. Das »Phobie« in »Homophobie« klingt bloß wie das »Phobie«, das lähmende Angst bedeutet. Es äußert sich aber in Arschigkeit.

Woher kommt Homophobie?

Nicht mal Wikipedia kann mir das genau sagen und trotz naturwissenschaftlichen Studiums enden an dieser Stelle meine Recherchefähigkeiten.

Religion kann eine Rolle spielen. Witzigerweise werden in einigen islamischen Ländern Homosexuelle mit dem Tod bestraft. Das war noch nicht der witzige Part, keine Sorge. Der witzige Part ist, dass die Homosexuellenfeindlichkeit erst von weißen, christlichen Kolonialherren eingeschleppt wurde. Wie auch in viele Länder Afrikas.

Die schlimmsten Auswüchse der Homophobie, die es auf der Welt gibt. Schrecklich. Nicht modern. Nicht unseren westlichen Werten entsprechend.

Von uns übernommen.

Eine andere mögliche Ursache ist laut Wikipedia die Angst vor eigenen unterdrückten Persönlichkeitsanteilen. Der Mann in Drag erinnert mich an meine eigene unterdrückte Vorliebe für Seide mit Spitze.

Vielleicht hat Homophobie auch mit ihrem Homophon Homophobie zu tun, der Angst vor Männlichkeit, weil Männlichkeit laut Gesellschaft ja niemals Schwäche, niemals Tränen sein darf. Wenn die beiden Männer da zärtlich miteinander sind, dann könnte ich als Mann ja auch Gefühle haben. Gott bewahre!

Wenn ich diese beiden Schwulen da auch nur etwas zu lange angucke, werde ich nachher selber schwul. Aber warum wäre das schlimm?

Weil die Gesellschaft Homosexuelle scheiße behandelt?

Was war zuerst? Der Hass der Gesellschaft oder die eigene Angst, anders zu sein?

Wie alle guten Heteromänner pflege ich mit anderen Männern diesen komischen homoerotischen Humor. Das gespielte Anschwulen. Mit einem Freund ging es immer so weit, dass ich inzwischen fest davon ausgehe, dass wir irgendwann im Laufe dieser Witze nackt aufeinanderliegen, wir lachen die ganze

Zeit und schwupps, ist er drinnen. Härtester Analfick. Nur aus Scherz. Ich rechne jeden Tag damit.

Um mich mit meiner eigenen Homophobie zu konfrontieren, wollte ich immer mal mit einem Mann rummachen. Ein Freund erklärte sich bereit, dafür irgendwann herzuhalten.
Bei einer Party war es dann so weit. Ich war gut betrunken, also hab ich mich getraut und ihn geküsst. Einmal zum Testen und das zweite Mal, weil es sich gut angefühlt hatte. Ich hatte mich allerdings so doll betrunken, dass ich bis heute nicht weiß, wie genau es war, habe es aber als durch und durch positive Erfahrung abgespeichert.

Ich weiß nicht, wo Homophobie herkommt. Das ist komisch, denn ich kenne dieses Gefühl, dieses Unwohlsein in mir. Aber mein Herz und mein Verstand sagen mir, dass es Quatsch ist und ich kein Arsch sein soll, und das reicht mir, um dagegen anzuarbeiten und mich davon möglichst nicht beeinflussen zu lassen.
Wenn im Restaurant zwei Salzstreuer nebeneinanderstehen, schrei ich doch auch nicht rum, dass nur ein Salz- und ein Pfefferstreuer nebeneinander natürlich ist! Gott hat Salzdam und Pfeva erschaffen. Salz und Pfeffer! Nicht Salz und Salz!
Nein, das wäre total bekloppt.

Ich weiß nicht, woher Homophobie kommt. Ich weiß aber, dass man nicht danach handeln muss.
Und ich weiß, was Homophone sind. Dinge, die gleich klingen.
Es klingt gleich, wenn zwei Frauen sich küssen, ein Mann und eine Frau oder zwei Männer.
Und am Ende ist das alles, was ich wissen muss.

II. Lebensweise

Möwen

Sie schreien laut und lieben 's Meer,
sind eher wie Ratten denn wie Löwen.
Doch machen sie auch nicht viel her,
tja, diese Vögel muss man möwen.

Ein Vogel

Ein Vogel gleitet durch die Weite,
nur der Wind an seiner Seite.
Trotz des Gebots der Natur
ist das Leben nicht so schwer:
Die Möwe fliegt hin,
die Möwe fliegt her.

Die Möwe ist frei, wild und allein,
Gesetze schränken sie nicht ein.
Sie kennt keine Grenzen
in Luft, Land und Meer:
Die Möwe fliegt hin,
die Möwe fliegt her.

Der Hunger treibt sie hinunter zur See,
sie frisst einen Fisch, das tut ihm kurz weh.
Dann muss sie schwer keuchen,
'ne Gräte sitzt quer:
Die Möwe fliegt hin,
sie fliegt nicht mehr her.

Arrrrrr

Ich hatte die Schnauze voll. Es war einfach zu viel. Der Tropfen, der das Fass zum Überlaufen gebracht hatte, war der Anruf meines Telefonanbieters gewesen. Ich hatte ihm mit klaren Worten gesagt, wo er sich die schnellere Internetverbindung zum günstigeren Preis hinstecken soll, und schrie ihn zum Schluss an: »Gerade ist nicht so gut, rufen Sie mich bitte später noch mal an!« und schmiss wütend den Hörer auf die Gabel.

Leider gibt es kaum noch Telefone mit Gabeln, also hatte ich mein Handy gerade auf die Straße geworfen.

Verdammt! Fuck Zivilisation.

Ich musste raus hier. Aber wohin? Aufs Meer. Aufs Meer wäre toll! Aber wie?

Als Kieler liebe ich das Meer. Einfach, weil ich keine Wahl habe. Klassisches Stockholm-Syndrom. Selbst wenn einen Freunde nicht nach Falckenstein oder die Tourifamilie nach Laboe schleppen, kann man ihm in Kiel nicht entgehen. Es kommt dann einfach von oben zu uns. Auf dem Fahrrad auch mal gerne von vorne.

Aber ich liebe das Meer: die endlose Freiheit, den Geruch, das sanfte Geräusch der Brandung, von Wellen emporgehoben zu werden, das Gefühl von Algen an den Beinen, die vage Angst, etwas könnte mich aus der Tiefe packen. Widerliche Quallen. Salzwasser schlucken ...

Ich mag das Meer trotzdem.

Da hatte ich eine Idee!

Pirat! – Ich würde Pirat werden!

Hurtig versammelte ich meine Freunde und erzählte ihnen begeistert von meiner Idee. Während der folgenden Stunde wurde mir schnell klar, warum man Leute früher schanghait hatte: Knüppel übern Kopf, man wacht auf 'nem Schiff auf und ist Teil der Crew. Fertig. Gott, wäre das schön gewesen! Stattdessen gab es eine Diskussion.

Peter: Piraten? So mit Maschinengewehren vor Somalia?

Ich: Nein, ganz klassisch. Mit Säbeln und Holzbeinen und »Yohoho« und 'ner Buddel voll Rum!

Marius: Aber wenn die anderen Maschinengewehre haben, sind wir doch total im Nachteil.

Ich: Wir kämpfen ja auch nicht gegen andere Piraten.

Peter: Ich weiß nicht, ob meine Krankenversicherung ein Holzbein übernimmt.

Marius: Ich kann nicht schwimmen!

Ich: Das ist super, dann probierst du umso mehr, nicht über Bord zu fallen!

Marius: Was ist mit Brandschutz an Bord?

Ich: Brand...was? Wir sind auf dem Wasser!

Peter: Was ist mit Frauen?

Ich: An Bord gibt es natürlich keine, das bringt Unglück!

Peter: Das ist abergläubisch!

Marius: Und sexistisch!

Ich: Jaja. Aber ich habe jetzt halt keine Frau eingeladen. Es gibt ja auch keine weiblichen Piraten.

Marius: Was ist mit Keira Knightley?

Ich: Das ist eine Schauspielerin! Es wird an Bord keine Frauen geben!

Marius: Ich will aber nicht schwul werden! Ich hab gehört, so wird man schwul.

Ich: Das stimmt doch überhaupt nicht!

Peter: Ich hätte nichts dagegen, etwas zu experimentieren. Was auf hoher See passiert, bleibt auf hoher See! Dürfen wir rummachen?

Ich: Macht doch, was ihr wollt.

Marius: Aber ich will doch gar nicht!

Peter: Pech gehabt!

Ich: Was? Das stimmt nicht! Keiner muss etwas tun, das er nicht will!

Peter: Außer unsere Opfer!

Ich: Außer unsere Opfer!

Marius: Wir machen mit unseren Opfern rum? Das ist doch bestialisch! Außerdem kommt da doch überhaupt keine Stimmung auf. Wir riechen schlecht, haben alle keine Zähne mehr durch den Skorbut ...

Peter: Was? Wir haben keine Zähne mehr?

Paul: Was ist Skorbut?

Marius: Unsere Opfer finden es auf jeden Fall bestimmt nicht so romantisch oder erotisch, wenn stinkende, zahnlose Piraten sich auf ihren Schoß setzen, verführerisch gucken und mit ihrem Finger ihre Brust entlangfahren.

Ich: Sagt mal, geht es euch nur um Sex? Ich biete euch hier die Freiheit von Staat und Gesetzen, die wilde See wird unsere Braut sein!

Marius: Ich will nicht mit dem Meer knutschen! Wie soll das überhaupt gehen?

Peter: Ich hab mal gehört, ein römischer Kaiser hat das Meer auspeitschen lassen.

Marius: Jetzt auch noch SM oder was? Das Meer könnte uns erst mal zum Essen ausführen, bevor es gleich einen auf Christian Grey macht.

Ich: Keiner hat irgendwas mit dem Meer!

Marius: Du hast gesagt, es wird unsere Braut sein!

Ich:	Das sagt man halt so.
Peter:	Das ist ein Eheversprechen. Bei einem strengen Richter musst du dem Meer jetzt Kranzgeld bezahlen!
Ich:	Was?
Peter:	Kranzgeld. Das muss man bei gebrochenen Eheversprechen bezahlen.
Ich:	Ich habe dem Meer doch keinen Antrag ... Es reicht! Wir haben einfach keine Frauen an Bord! Wir haben aber ein Mädchen in jedem Hafen!
Marius:	Wie, Mädchen? Das klingt falsch. Wie jung meinst du denn? Oder meinst du Töchter? Aber mit wem, wenn wir keine Frauen haben?
Ich:	Ahhh! Ich meine: Arrrrr! Ich meine natürlich, eine Braut in jedem Hafen.
Peter:	Hör auf mit deinen Eheversprechen! Du reitest uns alle noch in die Scheiße!
Ich:	Ich meine eine Frau. Wir haben eine Frau in jedem Hafen!
Marius:	Eine für uns alle?
Peter:	Meinst du Prostituierte? Ich weiß nicht. Da fängt man sich nachher was ein. Und vielleicht machen die das nicht freiwillig und wir unterstützen nur den Menschenhandel, das kann ich mit meiner Moral nicht vereinbaren.
Ich:	Wir sind Piraten!
Peter:	Das heißt aber nicht, dass wir uns nicht an Moral und Gesetze halten müssen.
Ich:	Doch! Doch, genau das heißt das!
Peter:	Ich glaube, meine Frau fände es nicht so gut, wenn ich zu einer Prostituierten gehe.
Ich:	Deine Frau? Aber du hast doch gefragt, ob wir Frauen an Bord haben!
Peter:	Ja, aber doch nicht für Sex. Als Ausgleich. Ich mag das

nicht, wenn nur Männer zusammenhocken. Das wird immer so machomäßig und testosteronlastig.

Marius: Wie lange sind wir eigentlich so auf See?

Ich: Wochen ... Monate am Stück. Nur wir gegen die wilde See und den Wind. Alleine gegen die Naturgewalten.

Peter: Haben wir da WLAN?

Ich: Nein! Zur Unterhaltung singen wir Piratenlieder. Und wir machen Rum!

Marius: Also doch.

Ich: Rum! Das Getränk!

Peter: Ich will Smutje sein!

Marius: Und ich Klabautermann!

Ich: Klabautermann ist keine richtige Arbeit!

Paul: Ich bin Ausguck! Das kann ich gut, pass auf: »Land!«

So ging es noch eine ganze Weile, aber letztendlich wurden wir uns einig. Also segeln wir jetzt in unserem mit ausreichend Rettungsbooten, Feuerlöschern und einem W-LAN-Router ausgestatteten Boot dahin, nie zu weit von der Küste entfernt, damit wir es regelmäßig zu Zahnarzt und Elternabenden schaffen.

Aber trotz all dieser Kompromisse ist es nicht zu verleugnen: Wir sind der Schrecken der sieben ...

Peter: Sag nicht Schrecken, davon kriege ich Albträume!

Ich: Das starke Unwohlsein ...

Peter: Leicht! Leichtes!

Ich: Wir sind das leichte Unwohlsein der sieben Meere!

Arrrrrr!

Diesen Text anschauen:
https://youtu.be/g-SOddO5GeU

In der Kälte

Im Regen an der Felsenklippe,
beim Spaziergang, den ich reute,
mit vor Kälte blauer Lippe,
war sie, die sich auch nicht freute.

Sie saß dort mit stierem Blick,
fixierte mich, sie wirkte böse.
Als wär ich schuld an ihr'm Geschick,
dem Frösteln dieser armen Möwe.

Und ich stand in der Kälte
mit einer Möwe im Hier,
wir beide reglos im Regen,
da sprach sie zu mir.

Natürlich sprach sie nicht in Worten,
mein Möwisch ist doch etwas rostig,
doch in mein Herz, da flogen Bilder
von einem Leben, wild und trotzig!

Ich spürte die Freiheit, sah die Welt
mit den Augen dieses zausen Tiers.
Sah Kampf, Hunger, Schmerzen
und in der Kälte grauste mir's.

Die Wildheit, das Rohe,
Panik, Chaos pur,
kein Halt durch Gesellschaft,
nur die raue Natur.

Und ich stand in der Kälte
mit einer Möwe im Hier,
wir beide reglos im Regen
und ich dachte bei mir:

Was war schon beständig
als wilde Möwe im Wind?
Doch was war beständig
als Menschenkind?

Die Möwe war sich selbst genug,
war nicht schuld, hatte kein Potenzial,
so ganz allein im Möwenflug
war alles gleich wichtig, alles egal.

Als Möwe zählt nur das Jetzt,
keine Sehnsucht, die zerrt, keine Angst, die bellt.
So liegt vor ihr ein wohlig warmes Nichts
und unter ihr die Welt.

Und hier in der Kälte
konnt ich es nicht vermeiden,
dies kalte, arme, nasse Tier
aus tiefster Seele zu beneiden.

Beim Therapeuten

Das neue Jahr hatte begonnen und wenig bis gar nichts war besser geworden. Als ich an Silvester um Mitternacht auf einer Freifläche gestanden hatte, um das Feuerwerk zu genießen, war ja noch alles schön und gut, aber man kann sich ja nicht immer betrinken und Feuerwerk angucken.

Mitte Januar hatte ich den letzten Beweis für diese These: Mein Arbeitgeber fand meine ständige Trunkenheit und das ununterbrochene Abfeuern meines durchaus beachtlichen Feuerwerkarsenals im Büro etwas problematisch. Genauso wie das Ordnungsamt. Und die Polizei. Und mein Vermieter. Mein Vermieter war noch am tolerantesten und hatte sich nur immer wieder beklagt, dass ich die Raketen doch auch draußen zünden könnte.

Pah! Damit andere da auch Spaß dran hätten? Niemals!

Mit ihm hätte ich ja noch teilen wollen, aber die als nette Überraschung durch seinen Briefschlitz gezündeten Raketen machten ihn irgendwie nur noch verstimmter.

Alle meinten, ich solle doch bitte wieder normal werden. Was sollte dieses »normal« überhaupt sein? Ich beschloss, einen Fachmann aufzusuchen.

Ich hatte schon oft über eine Psychotherapie nachgedacht und Freunde von mir, die selbst eine solche Therapie anfangen wollten, immer mit den Worten ermuntert: »Hahahaha, du Schwächling!«

Ganz oben in den Gelben Seiten fand ich einen gewissen Dr. Alt.

Da er in seiner Anzeige mit einer »hohen Überlebensrate« warb und ich gerne überleben wollte, entschied ich mich für ihn.

Bei der Begrüßung erschrak ich mich etwas vor diesem großen, schweren und, seinem Namen entsprechend, sehr alten Mann. Doch er wirkte freundlich, wenn auch leicht verwirrt.

Alt: Ach hallo, Sie müssen mein nächster Pümpel sein.

Ich: Patient.

Alt: ... Patient sein. Kommen Sie herein, setzen Sie sich auf diesen Stuhl! (*Er deutete auf einen Haufen Kot.*)

Ich: Das ist ja widerlich. Haben Sie den nur für das Wortspiel hier?

Alt: Was für ein Wortspiel?

Ich: Das da ...

Alt: Oh! Keine Sorge, das ist nicht echt. Das ist ein Scherzartikel. Das muss mein letzter Pümpel ...

Ich: Patient.

Alt: ... Patient hiergelassen haben. Comedian. Mario B., ein zwanghafter Spaßvogel. Hat wieder die ganze Zeit über seine Freundin gesprochen.

Ich: Dürfen Sie über solche Interna reden?

Alt: Wahrscheinlich nicht. Aber Sie können ja auch selber lesen.

Ich: Ich möchte bestimmt nicht seine Akte lesen. (*Enttäuscht legte Dr. Alt die Akte wieder weg, die er mir hingehalten hatte, und begann das Gespräch:*) Was führt Sie zu mir? 'n Navi?

Ich: Ja, auch, aber ...

Alt: Und da sag noch einer, ich kenne mich mit moderner Technik nicht aus. Hier zum Beispiel: (*Er deutete auf eine Standuhr.*) Mit dieser Pendeluhr kann ich die Zeit auch nachts ablesen. (*Mit diesen Worten guckte er sehr verächtlich auf eine Sonnenuhr, die einen nicht unbeträchtlichen Teil seiner Praxis einnahm.*) Aber genug von mir und meiner alten Nemesis, der Zeit. Kommen wir zu Ihnen. Wollen Sie meine Nemesis sein?

Ich: Was? Was ist überhaupt eine Nemesis?

Alt: Ich nehme das als Ja. Also, Nemesis ... *(Das letzte Wort knurrte er.)*, was führt Sie zu mir?

Ich: Ich bin verwirrt.

Alt: Diesen Effekt habe ich auf Menschen.

Ich: Nein, ich meine, das Leben verwirrt mich.

Alt: Ja und? Jeden von uns verwirrt das Leben! Mich auch! Alleine dieses Ticken von diesem Teufelsding *(Er zeigte auf die Standuhr.)* macht mich ganz kirre. *(Sehnsüchtig blickte er auf die Sonnenuhr, die immer noch einen recht großen Teil seiner Praxis einnahm.)* Ich glaube ja, die Marmelade ist schuld.

Ich: Marmelade?

Alt: Was? Wo? *(Hektisch drehte er sich hin und her.)* Ach so, das war ein Trick. Nicht schlecht, Nemesis! Also, wo waren wir?

Ich: Ich weiß einfach nicht, was ich will. Ich finde nichts im Leben, was mich richtig erfüllt. Nehmen wir Beziehungen. Einerseits sehne ich mich nach einer festen Bindung zu einer einzigen Frau. Aber gleichzeitig starre ich andere Frauen an und stelle mir vor, mit denen zu schlafen.

Alt: Das ist doch einfach! Suchen Sie sich eine Frau und betrügen Sie sie ständig!

Ich: Das nennen Sie einfach?

Alt: Na ja, mit Ihrem Aussehen vielleicht nicht.

Ich: Na danke. Aber es geht mir in allen Lebenslagen so! Ich weiß nicht, was ich will. Ich habe keine Lust zu arbeiten. Ich will aber trotzdem etwas schaffen, auf das ich stolz sein kann. Gleichzeitig schreckt mich aber jede Anstrengung ab.

Alt: Sie wissen schon, dass das uns allen so geht, oder? Darum hat der liebe Gott den Schnaps erfunden!

Ich: Sollten Sie mir als Therapeut wirklich zu Alkohol raten?

Alt: Dazu raten? Wir können hier und jetzt einen trinken! Wollen Sie?

Ich: Stellen Sie die Flasche bitte weg!

Alt: Gut. (*Ich hätte wohl noch dazusagen sollen, die Flasche bitte nicht zu leeren. Aber es schien ihn nicht weiter zu beeinträchtigen.*) Dann kommen wir zu den wichtigen Fragen: Was wollen Sie? Wer sind Sie tief innen drin?

Ich: Wenn ich das wüsste, wäre ich doch nicht hier!

Alt: Ah. Die Marmelade hat Ihnen das Gehirn vernebelt.

Ich: Welche Marmelade denn? Was ... was haben Sie denn immer mit Marmelade?

Alt: Nun ... (*Seine Stimme nahm einen bedrohlichen Klang an.*) Haben Sie sich nie gefragt, warum wir Sklave dieser roten, lilanen oder gar gelben Paste sind? Die gelbe ist die schlimmste! Gelbe Marmelade. Wer denkt sich so was aus?

Ich: Keine Ahnung ... Leute mit Mirabellen?

Alt: Genau, böse Menschen!

Ich: Was? Was ist denn an Mirabellen böse? Und wieso eigentlich Sklaven?

Alt: Na ja, wie sonst wollen Sie große Bau- oder Farmprojekte ohne immensen wirtschaftlichen Einsatz verwirklichen?

Ich: Nein, ich meine ... wieso sollen wir Sklave der Marmelade sein?

Alt: Na, es ist doch offensichtlich. Wir wurden zuckersüchtig gemacht! Früchte sind doch eh schon süß. Und lecker. Und nicht so anspruchsvoll im Bett.

Ich: Was?

Alt: Was? Na ja. Warum macht man jedenfalls Früchte noch süßer?

Ich: Für die Haltbarkeit? Um sie einzumachen.

Alt: Was? Ich habe mich überhaupt nicht eingemacht. (*Er guckte sicherheitshalber in seinen Schritt. Meine Augen folgten instinktiv seinem Blick, was er wiederum bemerkte und mir zuzwinkerte.*) Was soll der ganze Zucker? Zucker geht schnell ins Blut und gibt schnelle Energie. Wer will uns alle kurz hochputschen? Was hat man davon? Es ist doch klar, dass das so nicht geht.

Alle guten Dinge brauchen ihre ... (*Dr. Alt schien eine Pause zu machen, um sein Argument zu bekräftigen. Er übertrieb es allerdings in meinen Augen deutlich, als er anfing, leise Schnarchgeräusche zu machen. Ich stupste ihn an, wohl wissend, was sein nächstes Wort sein würde. Doch erneut überraschte mich dieser alte, seltsame Mann, denn er schreckte hoch und rief:*) Was? Schatz! Nein, du darfst mich nicht verlassen! Das ist nicht, wonach es aussieht. Ich habe mit der Marmelade ... nur gespielt. Und das musste halt eben hier im Bett sein. Schatz ... ich würde dich doch nie mit einem Frühstücksaufstrich ... Schatz ... Schatz! (*Ich war verwirrt, besorgt und seltsamerweise leicht erregt. Schnell wechselte ich das Thema.*)

Ich: Aber wie können Sie mir denn jetzt mit meinen Problemen helfen?

Alt: Ach! Das ist ganz einfach: Sie müssen Selbsterfahrung machen. Eine schmerzhafte Reise zu all den Punkten Ihrer Psyche, die Sie nie berühren wollten, denen Sie immer nur ausweichen wollten.

Ich: Das klingt scheiße!

Alt: Ist es auch! Aber keine Sorge, ich werde Sie die ganze Zeit führen und Ihnen sagen, was Sie zu denken haben.

Ich: Das klingt nach einer Art Gehirnwäsche!

Alt: JEDER Geisteszustand ist eine Gehirnwäsche! Wenn Sie an die physikalische Welt glauben, ist das nicht echter oder näher an irgendeiner Wahrheit, als wenn Sie – nehmen wir ein willkürliches Beispiel – nachts nackt mit den Elfen auf der Wiese tanzen. Viele Elfen sind erstaunlich gut in Gesellschaftstanz, können aber auch zu Goa ganz gut abgehen.

Ich: Das klingt seltsam spezifisch für ein willkürliches Beispiel. (*Er schaute mich nachdrücklich an.*)

Alt: Also, was wollen Sie?

Ich: Das weiß ich doch immer noch nicht. Wir drehen uns im Kreis!

Alt: Tun wir? *(Er freute sich.)* Super! *(Dann begann er, sich lachend im Kreis zu drehen. Ich wusste nicht mehr weiter und machte mich auf zu gehen, als er keuchend stehen blieb und sich wieder setzte.)*

Alt: Gehen Sie noch nicht. Ich weiß, was Sie tun müssen!

Ich: Ja?

Alt: Ja! Dazu werde ich Sie jetzt hypnotisieren. Sprechen Sie mir nach: »Ich hasse Marmelade ...«

Ich: Ich hasse ... Ach was? So funktioniert das nicht. Müssen Sie mich nicht erst in Trance versetzen?

Alt: Wohin? Ach so. Ja! Sie sind ein sehr aufmerksamer Dingens ...

Ich: Patient.

Alt: Genau. Also ... Sie werden ganz Marme...

Ich: Müde!

Alt: Genau. Sie werden ganz Marmemüde.

Ich: Nein. Ich meine, was? Was soll das denn sein?

Alt: Okay, Sie sind anscheinend unhypnotisierbar.

Ich: Nein, Sie können das nur nicht so gut.

Alt: Wie auch immer. Dann gebe ich Ihnen einfach einen Rat.

Ich: Na, dann bin ich mal gespannt.

Alt: Sie müssen sich dem Einfluss der Marmelade entziehen! Nur so können Sie Glück erlangen!

Ich: Aber ich ... ich bin doch gar nicht von Marmelade beeinflusst!

Alt: Ach ja? Und warum reden Sie dann die ganze Zeit von Marmelade?

Ich: Sie reden die ganze Zeit von Marmelade. Und ... und ... wenn Sie Marmelade so hassen, warum steht dann da ein großes Glas Erdbeermarmelade auf Ihrem Tisch – aus dem Sie jetzt gerade essen?

Alt: Das tu ich doch gar nicht! *(Widersprach er mir laut schmatzend.)*

Ich: Ah. So kommen wir nicht weiter. Jetzt helfen Sie mir doch endlich, glücklich zu werden!

Alt: Was erwarten Sie denn von mir? Ich bin doch auch nur ein Mensch!

Da hatte er recht. Obwohl er in den letzten paar Minuten eine verstörend große Menge Marmelade verdrückt hatte, war er wohl wirklich nur ein Mensch.

Ich sah ihn nachdenklich an.

Er sah mich an.

Er nickte mir zu.

Ich nickte zurück.

So saßen wir also kurze Zeit später am Fenster der Praxis, aßen Marmelade und feuerten betrunken Feuerwerksraketen auf die vorbeifahrenden Autos.

Das brachte uns wenig in Sachen Selbsterkenntnis und machte unser Leben nicht nachhaltig besser, aber für den Moment waren wir glücklich.

Diesen Text anhören:
https://satyr-verlag.de/audio/katzur1.mp3

Hallo, Krebs (du mieses Arschloch)

Hallo, Krebs, du mieses Arschloch!
Es ist Zeit, uns auszusprechen
und aus deinem schweren Joch
endlich wieder auszubrechen.

Nimmst uns Leben, unsere Lieben,
jede Hoffnung, einst zu siegen.
Höhlst den Körper, raubst das Licht,
trübe Augen, Seele bricht.

Mergelst,
Knochen schaben scharf an Haut,
Schmerzen, Seufzen, aus und Staub.

Doch noch hast du es nicht geschafft,
Herzen strahlen, Liebe wandert,
finden einen Funken Kraft
für uns selbst und füreinander.

Erwecken Hoffnung, Lazarus,
Hand in Hand, ein sanfter Kuss.
Mit Ärzt*innen verbündet
für den Tag, da du verschwindest.
Kämpfen uns den Tag herbei,
an dem es heißt: »Jetzt sind Sie frei.«

Und siegst du doch, du Arschloch, du,
nach all dem Kämpfen, all dem Zittern.
Kann uns das zwar viel zu lange,
doch niemals komplett erschüttern.

Denn Erinnerungen strahlen,
an ein Lächeln, an den Sommer.
An Gefühle leicht wie Falter,
an Gespräche, ernst und albern.

Wir sind stärker, Arschloch, du!
Ist auch wenig Zeit gegeben.
Raubst uns niemals unsere Liebe.
Raubst uns niemals unser Leben.

Es geht mir gut, verdammte Scheiße!

Wie's mir geht? Gut. Es geht mir gut.

Das ist die Phrase. Und dahinter?

Wir wissen oft nicht mal, wie die meisten unserer Bekannten leben. Wir kennen nur die Fassade. Jedem geht es eigentlich gut. Niemand darf traurig sein.

Wie es mir geht?
Gut!

Klar, 'n bisschen erkältet.
Doll erkältet sogar.
Aber das ist gut.
Die Kopf- und Gliederschmerzen lenken mich davon ab, dass mein ganzes Leben wehtut.
Es geht mir gut. Es geht mir gut. Es geht mir echt gut.
Es geht mir gut, verdammte Scheiße!

Jaaaa, Geld sitzt gerade etwas knapp. Na ja, genau genommen nicht wenig an Schulden. Aber was sollen die tun? Mir die Beine brechen? Noch mal?
Falls jemand eine Niere kaufen möchte, kann sie oder er mich gerne ansprechen, Blutgruppe A positiv.
Aber sonst geht's mir gut.

Wir mögen unsere Freunde doch auch, wenn es ihnen schlecht geht. Das ist dann zwar traurig und schade, aber doch nicht ihre Schuld. Aber nein, wir müssen ja alle ein sonniges Gemüt haben. Es geht mir gut.

Sonniges Gemüt! Pah!
Bestimmt hat die Sonne die ganze Zeit Schmerzen von der großen Hitze und wir hören auf der Erde nur ihre Schreie nicht.
Es geht mir gut.

Na ja, gut, immer mal diese depressiven Stimmungen. Nix, wo eine Grapefruit nicht helfen könnte.
Jaaa, und dass meine Oma gestern überfahren wurde, war auch nicht so schön.
Vor allem, da ich der Fahrer war. Aber ich war auch echt betrunken.
Ja gut, das mit dem Alkoholismus ist auch schon ein bisschen ein Downer. Aber ich arbeite dran. Bald.
Sonst geht's mir echt gut.

Es geht mir gut.
Wie geht es dir?
Schlecht.
Aber ...

Immer schlecht, aber ... – Und dann noch eine positive Wendung. Man lernt ja draus. Wird schon wieder. Ich schaff das schon. Wenn es uns mal schlecht geht, ist es wie mit einer störenden Erektion: Wir können das nicht stehen lassen.
Es geht mir gut.

Na gut, ständig diese Schmerzen in allen Gelenken. Wird vielleicht besser, wenn ich mal mehr Sport mache. Ist halt schwierig, mich zu überwinden. Vor allem, seit ich gestern vorm Fitnessstudio verprügelt und abgestochen wurde.

Schon etwas kacke, da überfährt man seine Oma und wird dann noch abgestochen.

Aber sonst geht's mir gut. Krieg ich alles hin.

Dieses Geschwür soll laut Arzt auch echt gutartig sein. Das wurde durch die Untersuchung nach den Messerstichen ja überhaupt erst entdeckt. Man weiß nie, wofür es gut ist. Da ist so eine Milz doch ein kleiner Preis. Ich weiß eh nicht, wofür die gut ist. Na ja, jetzt halt eh zu nichts mehr.

Also: Kein Ding. Nix los!

Es geht mir gut.

Versucht das mal. Wenn es euch schlecht geht und euch jemand fragt, wie es euch geht, sagt, dass es euch schlecht geht. Führt aus, warum. Und dann keine positive Wendung.

Ich halte das keine zehn Sekunden aus.

Aber na ja, solange es uns damit gut geht.

Es geht mir gut.

Na gut, der Hörsturz heute Morgen hätte nicht sein müssen. Aber dadurch habe ich zumindest nicht mehr so doll gehört, wie mein Nachbar Frau und Kind verprügelt. Wenn jetzt noch mein Geruchssinn nachlässt, rieche ich ja vielleicht auch nicht mehr diesen seltsam süßlichen Geruch aus der Wohnung der Rentnerin, die ich so lange nicht mehr gesehen habe.

Es geht mir gut.

Das sagen wir uns. Lügen wir uns vor. Kürzen die unangenehme Tiefe unserer Gefühle mit einem »gut« ab.

Wenn wir uns überhaupt mal fragen, wie es uns geht.

Ich hatte immer das unangenehme Gefühl, es interessiert kaum jemanden, wie es einem geht.

Es folgte einer der beiden schrecklichsten Selbstversuche in meinem Leben: Jedes Mal, wenn mich jemand fragte, wie es mir geht, hab ich nicht geantwortet, sondern direkt zurückgefragt: »Und selbst?«

Nach einem Monat musste ich das Experiment abbrechen: Niemand hatte bemerkt, dass ich nicht geantwortet hatte, und das machte mich völlig fertig.

Für die Neugierigen unter euch: Der andere Selbstversuch war, eine Woche kein Wasser zu trinken. Nur Bier und Kaffee. Das waren am Ende der Woche die schlimmsten Kopfschmerzen meines Lebens.

Aber sonst ging's mir gut.

Seitdem achte ich auch immer darauf, genug Wasser zu trinken. Damit es mir gut geht.

Wie's mir geht?

Na ja, geht so. Liebeskummer. Stress beim Job, der neue Chef hasst mich. Und es wäre schon schön, wenn meine Kinder noch leben würden.

Aber hey, man lernt draus. Mit der nächsten Frau wird alles anders. Mit dem Chef werde ich mich schon zusammenraufen. Und wenn ich wieder Kinder habe, mache ich halt Atemlöcher in die Kiste.

Hab ich halt Lehrgeld bezahlt. Man weiß nie, wofür es gut ist. Irgendwas ist ja immer.

Eine gute Frau hat mich jedes Mal, wenn wir uns gesehen haben, gefragt, wie es mir geht. Irgendwann fiel mir auf, wie gut mir das tat, immer wieder gefragt zu werden, wie es mir geht.

Ich habe sie dann vergrault, weil ich kacke zu ihr war, und so kamen zu meiner Einsamkeit noch nagende Schuldgefühle und das Gefühl des Versagens. Aber na ja, sonst geht es mir gut.

Na ja, eine Freundin wäre schon schön. Aber wäre auch kacke, ich brauche eigentlich ja beide Kissen für meine Tränen, eins reicht da meistens nicht.
Aber sonst geht's mir gut.
Es geht mir gut.

Ich hoffe, euch geht es gut. Und wenn nicht, ist das auch okay. Es geht uns nicht immer gut. Das ist schade, aber deswegen müssen wir uns nicht doppelt schlecht fühlen.

Als ich in den USA lebte, hat mich auf einem Flur ein Typ immer superfreundlich gegrüßt: »Hey! How are you doin'?«
Während ich mir noch eine Antwort überlegte, war er schon längst weitergegangen.
Ich hätte ihm hinterherrennen sollen. Ihm in den Rücken springen und ihm ins Ohr brüllen, dass es mir ganz okay geht und wie es bei ihm so ist.
Vielleicht hätte er über Rücken- und Ohrenschmerzen geklagt.
Wahrscheinlicher hätte er gesagt, dass es ihm gut geht.
Gleichzeitig war es schön, als es mir in den USA sehr schlecht ging, superoberflächlich mit Leuten zu interagieren. Belangloser Small Talk.
Muss auch mal sein.

Es gibt wohl keine festen Regeln. Keine einfachen Antworten.
Vor allem nicht auf die Frage: »Wie geht's dir?«

Kamel (Kamel, Kamel, Kamel)

Manchmal, in schweren Momenten, kommt mir das Leben vor wie eine endlose Wüste, die ich durchquere. Allein, völlig allein. Langsam quäle ich mich durch den heißen Sand. Die Hitze flirrt, Schweiß rinnt mein Gesicht herab. Oder sind es Tränen? Jedenfalls kann ich meinen Augen nicht trauen, als ich etwas vor mir sehe. Doch es verschwindet nicht. Während ich mich langsam nähere, wird deutlich, was ich da sehe. Ein hellbraunes, wunderschönes Geschöpf wird erkennbar.

Es ist das Kamel.

Es ist nicht EIN Kamel. Es ist DAS Kamel. Es ist die Seele, die Essenz eines jeden Kamels, das ich je gesehen habe. Vorsichtig hebe ich meine Hand und berühre das Kamel sanft an der Schnauze. Es weicht nicht zurück, im Gegenteil, es schmiegt sich an meine Hand und grunzt zufrieden.

Jetzt schießen mir eindeutig Tränen in die Augen. Tränen des Glücks.

Das Kamel geht vor mir in die Knie, als hätte es nur auf mich gewartet. Mit einer eleganten Bewegung, als wären das Kamel und ich seit Jahren vertraut, schwinge ich mich auf seinen Rücken. Es trabt los.

Es fühlt sich richtig an auf dem Rücken des Kamels. Es fühlt sich gut an. Es fühlt sich an wie eine Heimat, die ich längst vergessen hatte.

Ich halte mich an ihm fest, spüre das struppige Fell unter meinen Fingern und alle Zweifel und Fragen zerfließen in meinem

Geist. Es bleibt nur ein klares, helles Gefühl: Ich bin da. Ich, die Wüste und das Kamel!

Kamel! – Dein schwankender Gang lässt die Welt erst Festigkeit gewinnen!
Kamel! – Keine störenden Gedanken. Nur die Weite der Wüste, die Hitze, mein kühlendes Gewand, der Blick auf den Sand und unter mir:
Kamel! – Ich weiß nun, wer ich bin!
Kamel! – Soll das System doch zusammenbrechen!
Kamel! – Soll die Welt doch brennen!
Kamel! – Soll mein Hosenschlitz doch auf sein und ich mich normalerweise etwas dafür schämen!
Kamel! – Alles, was zählt, ist hier. Und alles, was zählt, bist du.
Kamel! Kamel! Kamel!

Wie lange schon traben wir durch die Wüste?
Es ist egal.
Ich fühle mich frei wie nie zuvor. Kein Grübeln. Keine Fragen. Keine Suche nach dem Sinn. Keine Angst vor dem Tod. Kein brennendes Gefühl, dass ich mehr aus diesem kurzen menschlichen Leben machen sollte.
Nur das Kamel und ich und das bunte Licht auf dem Wüstensand.
Meine Gedanken beginnen einzuschlafen. Wüste, Kamel und ich verschmelzen zu einem einzigen Ganzen.
In diesem Moment kommen die Erscheinungen.
Sind es Lichtspiegelungen? Fata Morganas? Illusionen durch Durst und Hitze?
Was immer sie auch sind, ich kann sie sehen und hören.

Eine Gruppe junger Frauen beginnt, um mich und das Kamel herumzutanzen. Sie tragen bunte Schleier, durch die man viel nackte Haut erkennen kann. Sie wiegen sich zum Klang von sü-ßer Musik, die auf einmal die Luft erfüllt. Sie lachen, oh, wie schön sie lachen! Ihre Finger berühren meine Beine, fahren meine Beine hinab und ich frage mich, wie es wäre, ihre Finger auf meinem ganzen Körper zu spüren.

Sie sprechen von ihrem festlich eingerichteten Zelt, nicht fern von hier. »Komm mit uns«, sagen sie. »Versink in weichen Kissen, während wir dich mit Küssen bedecken! Lausche der Musik! Rauch mit uns Opium und feinstes Haschisch! Vergiss die Welt! Vergiss dein Kamel! Komm mit uns und sei für immer glücklich!«

Zwei der Mädchen küssen sich vor meinen Augen.

Ein Dreier.

Mein Kryptonit.

Ich blicke starr geradeaus. Erneut steigen brennende Tränen in meinen Augen auf, als ich an die rauschhaften Glücksgefühle denke, an die ekstatischen Sinnesfreuden, die mir hier versprochen werden.

Früher war es das, was ich wollte, und immer noch spüre ich ein leises Verlangen nach dem nebelhaften Vergessen in den Armen dieser Frauen.

Doch jetzt kenne ich das Kamel.

Und so reite ich weiter.

Der Weise erscheint. Er spricht mit ruhiger Stimme. Von den Geheimnissen des Universums. Von unendlichem Wissen. Von Antworten auf alle Fragen, die ich je hatte. Er bietet mir Ayahuasca an, das südamerikanische Getränk der Schamanen, mit dem man in die Welt der Geister reisen kann.

Ich überlege kurz, warum mir alle meine Erscheinungen Drogen anbieten. Was hat es wohl damit auf sich?

Der Weise spricht vom Sinn des Lebens, der so einfach zu erkennen ist, wenn ich doch nur abstiege und mit ihm meditierte. Er lacht ein tiefes Lachen, das mich wohlig und geborgen sein lässt. Ich lehne mich an das Kamel, schließe ganz fest die Augen und will nicht daran denken, wie greifbar nah alles Wissen ist, nach dem ich mich immer gesehnt habe.

Der Weise verschwindet. Ich höre die Stimmen meiner Eltern. Ich öffne die Augen. Meine Eltern schreiten langsam neben dem Kamel, ihre Gesichter ernst und sorgenvoll.

»Sohn, was ergehst du dich in dieser Tagträumerei? Enttäusch uns bitte nicht! Komm, steig ab! Such dir eine gute Arbeit und eine anständige Frau und gründe eine Familie! Wir wollen doch stolz auf dich sein.«

Ich ignoriere ihre Stimmen und den stechenden Schmerz in meinem Herzen.

Als ich nicht auf ihr Flehen und ihre Vorwürfe eingehe, sagt mein Vater noch: »Willst du Kokain kaufen?«

Doch ich bin in Gedanken nur beim Kamel.

Kamel! – Du trägst mich sicher und stark!

Kamel! – Auf deinem Rücken sind alle Fragen vergessen.

Kamel! – Wer bietet die wahre Schönheit? Das wahre Glück?

Kamel! – Welches Tier ist so geduldig, so verlässlich und so stark?

Kamel! – Welches Tier dient uns Menschen so treu, seit wir Nomaden in der Wüste waren?

Kamel! – Welches Tier hat einen buschigen Schweif und vergräbt Nüsse?

Kamel! – Na ja, das ist eigentlich ein Eichhörnchen. Aber Fehler passieren.

Du machst mich so glücklich!

Kamel! Kamel! Kamel!

Doch nun, ach, nun ist der Text zu Ende.

Ich muss wieder zurück in die Welt. Doch dich vergesse ich nie: Kamel!

Diesen Text anhören:
https://satyr-verlag.de/audio/katzur2.mp3

Im Regen

Sinn zu finden in dieser seltsamen Welt
gleicht dem Fangen des Regens mit bloßen Händen.
Was beherrscht uns? Ängste, Triebe, Sehnsucht, Geld?
Wie fing es an und wie wird es enden?

Sinn gibt es keinen, man wird bloß sehr nass,
friert und zittert und wird davon krank.
Sie sagen: »Erschaffe doch Sinn, nimm irgendwas.«
Ein Meer der Möglichkeiten, in dem ich ertrank.

Das Schöne, die Liebe, die Poesie,
Menschlichkeit, Eintracht und Harmonie.
Schöne Worte, sie scheinen so fern.
An etwas glauben, glaub ich, würd ich sehr gern.

So steh ich im Regen, die Hände gesenkt,
hab längst aufgegeben, nach den Tropfen zu greifen.
Was nützt es dem Menschen, wenn er plant, wenn er denkt?
Wohin soll ich gehen, wozu soll ich bleiben?

Handwerker

Ich bin Handwerker.
Ich bin Handwerker!

Anmerkung: Ich will keinen Ärger mit der Handwerkskammer bekommen, also sollte ich vielleicht nicht behaupten, dass ich Handwerker bin.

Aber ich bin Handwerker.

Als ich jung war, hatten wir ein Haus, aber kein Geld für Handwerker. Wenn etwas kaputt war, musste mein Vater ran. Aber er hatte zum Glück billige, nicht ausgebildete Hilfskräfte: seine minderjährigen, motorisch noch nicht voll entwickelten, aber vollkommen entbehrlichen Kinder.
Also habe ich früh gelernt, Dinge zu reparieren, Dinge zu bauen und kaputte Dinge ... noch kaputter zu machen. Für das Letzte brauchte ich nicht wirklich eine Anleitung, aber ich kann es jetzt wesentlich effektiver.
Mein Vater war als Handwerker ungeduldig, schnell frustriert und daher ... superpfuschig. Aber Pfusch ist der Beginn von allem Großen. Die Cheops-Pyramide sollte auch erst der Cheops-Würfel werden, bevor das Material ausging.
Und mein Vater so: »Diese Deckenvertäfelung wird zwar hauptsächlich aufgrund unserer Wünsche und Hoffnungen oben gehalten und einer von uns wird jetzt für immer unter dieser ei-

nen Stelle stehen und sie festhalten müssen, aber sieht sie nicht schön aus?«

Zweimal messen, einmal schneiden? Quatsch! Niemals messen: frei Hand schneiden! Das passt schon!

Denn mein Vater hatte eine Geheimwaffe: Zierleisten!

Lücke in der Deckenvertäfelung? – Zierleisten!

Die Tapete endet zwei Meter über dem Boden? – Riesige Fußleisten.

Unser Haus besteht heute eigentlich nur noch aus Leisten.

Aber auf diese Weise habe ich ein Geheimnis gelernt, das gar keines ist: Die Welt ist formbar!

ICH kann die Welt formen!

Ich höre andere Leute immer sagen:

»Oh, das hier ist kaputt, ich muss es neu kaufen.«

»Oh, da müssen wir wohl jemanden rufen, der das heile machen kann.«

Ach was! Das kann man alles selber machen!

»Oh, der Arm ist wohl ab!«

Bullshit! Ich habe bereits dreimal meinen Arm beim unvorsichtigen Umgang mit der Kreissäge verloren und ihn jedes Mal wieder selbst angenäht. Und der funktioniert total gut, wenn die Nähte sich nicht mal wieder gelockert haben und er gerade abfällt.

Wenn ich ein Auto brauche, muss ich kein Geld ausgeben, das ich eh nicht habe. Ich gehe einfach nachts durch die Stadt und stehle von jedem Auto ein einzelnes Teil und baue mir daraus ein eigenes Auto. Ja, das ist illegal, aber was soll die Polizei machen? Mich in den Knast stecken, weil ich eine Schraube gestohlen habe? – Ganz viele kleine Verbrechen. Perfekt. Und ich habe ein Auto.

Gut, dadurch, dass ich mich an verschiedenen Marken und Modellen bedient habe, ist es ein Frankensteinauto, das wahrscheinlich lieber tot wäre und bei dem die Zylinder nicht richtig passen, aber es ist meins und es ist richtig laut!
Die Welt ist formbar!

Wir sind Handwerker.
Wir sind Handwerker!

Lasst das nur nicht die Handwerkskammer hören.

Klar, wenn man möchte, dass schwierige Sachen richtig gemacht werden sollen und aus der Steckdose kein Wasser läuft, müssen wir einen Profi rufen. Oder Augen zu und weitermachen, bis zum Ausgleich wenigstens der Wasserhahn unter Strom steht!

Wir sind Handwerker!
Etwas zu bauen gibt einem ein Gefühl von Stolz.

»Ich habe ein Gewürzregal gebaut!«
»Ah, schön. Die Gewürzgläser stecke ich dann auf die Schrauben und rostigen Nägel, die überall herausgucken?«
»Ich habe es gebaut!!!«
»Ich geh mich dann mal gegen Tetanus impfen lassen.«
»Das mach *ich*! Ich baue dir einen Impfstoff!«
»Du ... *baust* mir einen Impfstoff?«
»Ja! Ich baue einen Impfstoff ... aus rostigen Nägeln!«
Die Welt ist formbar!

Mittlerweile glauben auch immer weniger Frauen die uralte Lüge, dass man Löcher mit einem Penis bohrt, und greifen selbst zur Bohrmaschine – und was heißt das?
Doppelt so viele Handwerker! Yeah!

Plus: Ich finde werkelnde Frauen total sexy.

Frauen in Blaumännern mit Schutzbrille? – Rrrrrr.

Ist das jetzt sexistisch und objektifizierend? – Keine Ahnung.

Wir bauen uns Gleichberechtigung. Aus rostigen Nägeln!

Wir sind Handwerker! Wir sind Handwerkerinnen!

Bevor wir unser Fahrrad zur Werkstatt geben, gucken wir doch mal, ob wir es selber reparieren können.

Mein Fahrrad verfügt mittlerweile über eine Nitroeinspritzung und ist in den meisten Ländern verboten, aber fuck, ist es schnell. Ich überfahre keine Fußgänger mehr, ich pulverisiere sie!

Die Spülmaschine ist kaputt? Nix los! – Ich nehme sie auseinander, gucke, was das Problem ist, und wenn ich es beheben kann, behebe ich es.

Na ja, genau genommen sieht der Prozess so aus: Ich ziehe die Maschine unter der Arbeitsplatte weg, stelle sie aus Versehen auf meinen Fuß, weine etwas, suche meine Zehen, nähe sie wieder an, mache die Maschine auf, suche das Problem, versuche, fiese Klemmen an unerreichbaren Stellen zu öffnen, weine etwas, nehme das kaputte Teil raus, überlege, wie man es reparieren kann, finde keine Lösung, weine etwas, finde eine Lösung, besorge das Ersatzteil, muss fiese Klemmen an unerreichbaren Stellen öffnen, tue mir mehrfach weh, werde frustriert, fluche, weine etwas, baue das Teil ein, schiebe die Maschine zurück unter die Arbeitsfläche, zerreiße dabei das Linoleum und weine etwas. Vor Glück! Die Maschine läuft!

Was hilft gegen Liebeskummer?

Etwas bauen!

Gut, es war einfach nur eine Piñata, die aussah wie meine Ex, und als ich die kaputt geschlagen hatte, fielen lauter Zettel raus,

auf die ich geschrieben hatte, wie toll ich bin und dass ich Besseres verdient habe. Und dann habe ich etwas geweint.
Aber ich hatte etwas gebaut!

Ich bin nicht Opfer meiner Welt, ich bin ein gnadenloser Täter!
(Okay, das klingt falsch ...)
Ich kann die Welt formen.
Ich kann mich selbst formen, meinen Geist, meinen Körper – na ja, ich könnte es.

Ich kann meine Kleidung flicken, ich kann backen und kochen und ich kann Computerprogramme schreiben. Denn die Welt ist formbar und ich bin eine fucking Handwerkerin.
Nennt mich Björn den Baumeister!

Bauarbeiter!
Können wir das schaffen?
Björn, der Meister!
Yo, wir schaffen das!
Wenn der Zustand der Welt uns Angst macht, müssen wir nicht verzweifeln.
Denn die Welt ist formbar!

Wir können die Welt retten, wir haben das Werkzeug, wir haben die Fantasie und wir haben die Zierleisten!
Wir brauchen keine neue Welt!
Wir können diese hier reparieren.
Denn. Wir. Sind. Handwerkerinnen!

Diesen Text anschauen:
https://youtu.be/Qo16ZCITxjg

Was – verflixt – ist Nachbarschaft?

Was – verflixt – ist Nachbarschaft?
Man wohnt zusammen, kennt sich kaum,
jünger, älter, voll im Saft.

Beim Weg zum Bäcker kurz geschnackt,
beim Umzug wird mit angepackt.
Was – verflixt – ist Nachbarschaft?

Sich anschnauzen und gerne lästern.
»Was war das für 'ne Scheiße gestern?«
»Vor Ihrem Haus ist so ein Dreck!«
»Hier park sonst ich!«
und
»Machen Sie die Kacke weg!«

»Muss die Musik denn ganz so laut?«
»Ja, zu der Feier komm ich gerne.«
»Ha'm Sie heut Nacht 'nen Schrank gebaut?«
»Was ich von dir so alles lerne ...«

Ja, was – verflixt – ist Nachbarschaft?
Aus vielen Stimmen wird ein Chor.
Sich nerven und dann doch vermissen.
Sich Werkzeug leihen und ein Ohr.

Fürs ganze Haus die Post annehmen,
und auch mal Hund und Kinder hüten;
es ist ein Nehmen und ein Geben.
»Ach, ich trag schnell die Einkaufstüten.«

Nachbarn sucht man sich nicht aus,
so gibt es Freude – und auch Graus.

Doch merkt man, ist man nicht ganz stur,
Menschen geben einem Kraft.
Es gibt so viel, das man doch nur
mit Nachbarin und Nachbar schafft.

Radio *Spaß, Spaß, Spaß*

Radiomoderator:

Hallo, hallo, hallo. Ihr hört Radio *Spaß, Spaß, Spaß*, den Sender mit extra viel Moderation für die Extraportion gute Laune. Mein Name ist Florian Chabbadubbadeideidei und ich bin nunmehr schon seit 36 Stunden für euch im Studio, um euch mit guter, guter, guter Laune, Laune, Laune zu versorgen.

Das passt total gut, denn meine Frau hat mich zu Hause rausgeschmissen, weil sie mein eingefrorenes Grinsen nicht mehr ertragen konnte. Ihr entgehen damit natürlich eine tolle Zeit und die feinen Nuancen meiner Gefühlsregungen. Wer mithilfe unserer Livecam ins Studio guckt, wird schnell feststellen, dass ich zwar immer noch grinse, mir aber auch sehr, sehr viele Tränen das Gesicht hinablaufen.

Darum bin ich jetzt auch so froh über unseren nächsten Studiogast, den Autor und Komiker Melanchthon Grützelbrigger. Man braucht ihn eigentlich nicht vorstellen – ich tu's trotzdem. Hahaha, meine Tränen laufen übrigens immer noch. Katrin, komm bitte zurück! Melanchthon Grützelbrigger wurde 1973 in Siebenbürgen geboren und die ersten Jahre seines Lebens in den Karpaten von einer Rotte Wildschweine großgezogen. 1978 fanden ihn rumänische Bauern und verbrannten Grützelbrigger ihren Instinkten zum Trotz nicht als eine Ausgeburt Satans. Nachdem Grützelbrigger sich mithilfe abgeschossener Brieftauben selbst Lesen und Schreiben beigebracht hatte, erkannte er, dass nicht alle Kinder als Türstopper und Vogelscheuche arbeiten müssen, und verließ seine liebevolle Gastfamilie während eines bis heute ungeklärten Brandes auf dem Hof, den sonst niemand überlebte. Die nächsten Jahre Grützelbriggers liegen im Dunkeln, da er sich hauptsächlich in Höhlen und Kanalisationen aufhielt. Vor einigen Jahren trat er dann groß in Erscheinung, sein erster Roman »Fickt euch alle mit einem Besenstiel« war ein durchschlagender Erfolg, nicht zuletzt durch den Marketing-Gag eines beiliegenden Besenstiels, der mit rostigen Nägeln durchsetzt war. Nach seinem Debüt wandte sich Grützelbrigger sowohl auf Bühnen als auch zwischen den Buchdeckeln dem Humor zu und seine Witzesammlung »500 Witze zum Totlachen« mit dem neckischen Untertitel »Bitte am Stück lesen, ich kann eure Fressen nicht mehr sehen« war ebenfalls ein echter Renner. Erneut wechselte Grützelbrigger danach das Genre und schreibt mittlerweile vornehmlich Kinderbücher. Jetzt schon zu echten Klassikern geworden sind seine Werke »Der kleine Igel im Strudel des Nihilismus«, der Ratgeber für Kinder, deren Eltern arbeitslos geworden sind, »Jetzt kann Papa viel mehr trinken« und die heitere Tiergeschichte »Als der Hase den Freitod wählte«.

Seit einigen Jahren selbst Vater, sagt Grützelbrigger über seine Familie, sie seien die einzigen Menschen, denen er manchmal keine Schmerzen wünsche. Er lebt mit seiner Ehefrau und seinen zwei Kindern an einem geheimen Ort.

Wir sahen diesen Rückzug von der Öffentlichkeit als Herausforderung und sind ausgesprochen froh, jetzt einen der lustigsten und liebevollsten Menschen der Welt hier im Gespräch zu haben. Herr Grützelbrigger, schön, dass Sie da sind!

Grützelbrigger:

Ich wünschte, ich wäre nicht hier.

R: Hahaha, und da beginnt er auch schon mit seinen Späß-chen.

G: Das ist kein Spaß. Ich hab Ihnen gesagt, dass es mir nicht gut geht. Aber Ihr Redakteur hat auf meine Zusage gepocht und von Regressansprüchen gesprochen. Ich glaube, an einer Stelle unseres Gesprächs hat er sogar meine Familie bedroht.

R: Hahaha, Sie hören aber auch nicht auf. Und mein Redakteur ist auch immer zu Scherzen aufgelegt ...

G: Das war kein Scherz.

R: Ähm ... Machen wir doch einfach weit...

G: Er wurde furchtbar wütend, als ich absagen wollte, und mein-te, er wisse ja, wo ich wohne, und ich wolle doch sicher nicht, dass meinen Kindern etwas zustoße.

R: Ähm, kommen wir zur ersten Frage.

G: Er wusste sogar, wo mein Sohn zur Schule geht und wann die aus ist. Welcher Mensch weiß denn so etwas?

R: Also, die erste Frage: Wie kommen Sie auf Ihre Ideen?

G: Jeder Kreative hasst diese Frage.

R: Weil Sie keine Antwort haben?

G: Weil die Antwort kompliziert und vage zugleich ist. Außer-dem wird einem diese Frage einfach viel zu oft gestellt. Da könnte ich Sie fragen, woher Sie Ihre gute Laune haben.

R: Von diesen Tabletten hier. Aber Katrin, ich kann jederzeit da-mit aufhören! Also, nun, Sie. Ideen. Woher?

G: Na gut, dann sind wir heute doch mal ganz ehrlich. Als feinfühliger Mensch macht der Geist die ganze Zeit Beo-bachtungen und Gedankensprünge. Die Schattenseite ist, dass man auch extrem empfindlich ist und unter anderem zu Depressionen neigt. Außerdem hatte ich wie die meisten Künstler keine allzu glückliche Kindheit, da flieht man sich schon früh in Tagträume und Fantasien. Viel Machtfanta-sien, wie man an den anderen Kindern in seinem Umfeld fürchterliche Rache übt und sie Käfer fressen lässt oder auf glühenden Metallstäben aufspießt. Aber man lernt früh, dass das gesellschaftlich nicht konform ist, und lenkt das dann in andere Bahnen, wird zum Beispiel ein lustiger Klassenclown. Im Grunde fußt der Prozess der Ideenfindung auf einer Tragödie nach der anderen. Es ist alles ganz furchtbar.

R: Sie wissen es also nicht genau. Dann kommen wir zur nächsten ...

G: ... wenn man eh so empfindlich ist, neigt man auch dazu, sich in Drogen zu flüchten. Das regt die Fantasie natürlich auch noch mal ungemein an.

R: Hahaha, Sie wollen jetzt doch nicht wirklich zu Drogenkonsum raten? Sie und Ihre Späße.

G: Das ist kein Spaß. Kinder, wenn ihr das hört. Drogen sind echt so cool, wie es euch die Großen erzählen. Man kann ruhig schon früh anfangen. Auch Heroin ist gar nicht so ...

R: Ähhh ... Woran arbeiten Sie denn zurzeit?

G: In diesem Moment gerade versuche ich, meinen Magen zu überreden, mich selbst zu verdauen, damit ich das Leben und vor allem Sie nicht länger ertragen muss.

R: Haha, und schon wieder ein lustiges Späßchen, so kennen wir ihn.

G: Säure, Säure, Säure! Los, Magensäure, hol mich hier raus!

R: Und arbeiten Sie auch an einem neuen Buch?

G: Ach so, ja. Ich schreibe an einem neuen Kinderbuch.

R: Süß.

G: Über einen Jungen, der eine magische Smartphone-App erhält, mit der er Menschen einfach umbringen kann.

R: Äh ...

G: Ja, und er schlachtet sich so durch seine Familie, angeblichen Freunde, Lehrer, behinderte Waisenkinder ...

R: Um dann am Ende zu erkennen, wie wichtig diese Menschen für ihn waren? Er erkennt den Wert anderer und holt sie alle wieder ins Leben zurück?

G: Nein.

R: Ähhh. Aber es gibt ein Happy End?

G: Natürlich. Es sind dann alle tot und er kann alleine die ganze Welt genießen, bis er schließlich seinen eigenen Namen in die App eingibt ... Gott, wäre ich gerade gerne dieser Junge.

R: Ähhhh ...

G: Säure, Säure, Säure ...

R: Jaaaa ... unsere Zeit geht dann auch langsam zu Ende.

G: Darf ich also jetzt gehen, ohne dass Ihr Redakteur meiner Familie etwas antut?

R: Sie hören einfach nicht auf mit Ihrem Ulk.

G: Meine Familie ist das Einzige, was mir einen Funken Lebenswillen gibt, und das hat Ihr Chef bedroht.

R: Jaja, unser Chef ist halt auch ein Spaßvogel.

G: Er ist ein Monster und gehört in die Hölle.

R: Hahaha.

G: Und Sie auch ... und wenn ich persönlich dafür sorgen muss.

R: Wie bitte?

G: Hat Ihnen schon mal jemand glühenden Stacheldraht in den ...

R: Und damit sind wir dann auch am Ende. Ich bedanke mich herzlich bei Melanchthon Grützelbrigger, es war mir ein großes Vergnügen, Sie heute hier zu haben.

G: Ich will tot sein. Aber vorher nehme ich Sie und Ihren Redakteur mit.

R: Hahaha. Tschüss.

G: Und ich weiß, wo Katrin wohnt. Tschüss.

Die warme Gabe

Zur dunklen, kalten Jahreszeit,
wenn das Jahr schon fast versiegt,
ist jemand – ach, schon lang – bereit,
der fröhlich durch die Lüfte fliegt.

Die Gestalt will uns beschenken,
uns warme Gaben präsentieren.
Damit wir auch an andre denken
und uns für Liebe nicht genieren.

Und wenn auch manches düster schien,
warst du auch artig oder böse,
nun kommt sie zu deinem Kamin
und schenkt dir Kot – die Weihnachtsmöwe.

Ein Hase, der Hühnern ihre Eier wegnimmt, sie anmalt und versteckt, gehört nicht verehrt, sondern eingewiesen!

Ostern! Was soll man von einem Feiertag wie dir schon halten? Weihnachten ist klar. Entweder man hasst es oder liebt es. Entweder man unterdrückt die Erinnerungen an unzählige Familienstreite und dass die Leute, die sich über »Last Christmas« aufregen, mittlerweile genauso nervig geworden sind wie das Lied selbst oder man lässt sich reinziehen in die zuckersüße Illusion der Geborgenheit, der Familie, des Schenkens und der – nur durch den leicht verfügbaren Suff vorhandenen – Gemütlichkeit der Weihnachtsmärkte. Man plant das perfekte Weihnachten im Kreis seiner Liebsten, was dann wiederum zu Enttäuschung, Streit, mehr Alkohol und einem Zwangsbesuch in der Kirche führt, bei dem man am liebsten den Kindern beim Krippenspiel zurufen würde: »Ihr macht das scheiße! Bei so einer Performance hätte ich mich als Jesus gleich an Heiligabend ans Kreuz nageln lassen!«

Aber Ostern ...
Ostern ist nix Halbes und nix Ganzes!
Eigentlich – und ursprünglich – ein Frühlingsfest und so wird auch dekoriert: bunte Eier, Körbe mit Plastikgras, das – ironischerweise – mit dafür sorgt, dass es richtiges Gras nicht mehr so lange geben wird, und Hasen. Überall Hasen. Bis man sich vorkommt, als wäre man Donnie Darko in einer Duracell-Werbung.
Alle so: »Yeah. Frühling! Winter ist vorbei, es wird wärmer, es wird grün und bunt draußen, es gibt auch noch massenhaft

Schokolade und meine Scheißfreunde mit Heuschnupfen kriegen endlich wieder, was sie verdienen.« Und dann:

Bämm! Religion!

Du noch so:
>Yay, Frühling, lass das feiern! Lass tanzen!
Und der säkulare Staat so:
>Nix tanzen. Jesus ist tot!
Du: Was? Natürlich ist der tot, das ist zweitausend Jahre her!
Staat: Nein! Der ist heute gestorben.
Du: Was? Aber wie soll das gehen? Zweitausend Jahre? Selbst als Sohn Gottes und wenn man viel Sport macht und sich gesund ernährt ...
Staat: Doch. Heute gestorben. Aber keine Sorge. Am Sonntag lebt er wieder. Oder Montag.
Du: Ja, wann denn nun?
Staat: Keine Ahnung. Unsere besten Mathematiker arbeiten noch dran, was es heißt, »am dritten Tage auferstanden«. Bis dahin feiern wir halt Sonntag UND Montag.
Du: Können wir nicht einfach feiern, dass Frühling ist?
Staat: Nein. Es muss was mit Jesus zu tun haben. Sonst fühlen sich die Muslime hier noch zu wohl.
Du: Was?
Staat: Nichts.
Du: Aber warum feiern wir dann, wenn er tot ist?
Staat: Wir feiern ja auch erst Sonntag ... und Montag. Am Freitag sind wir traurig.
Du: Das finde ich aber kar nicht schön.
Staat: Was?
Du: Nichts. Ich fand's lustig.
Staat: Am Freitag wird nicht gelacht. Am Freitag ist man traurig. Darum gibt es auch kein Fleisch.

Du: Was? Bei der Beerdigung meiner Oma war ich auch trau-
rig und es gab haufenweise Fleisch.

Staat: Nein. Fleisch geht nicht. Nur Fisch.

Du: Aber Fisch ist doch ein Tier. Das ist doch auch Fleisch.

Staat: Nein. Fisch ist Fisch.

Du: Das ist Speziesismus.

Staat: Was?

Du: Benachteiligung von bestimmten Tierarten.

Staat: Das hast du gerade erfunden.

Du: Vielleicht.

Staat: Fisch geht auf jeden Fall. Ist auch das Symbol der Christen.

Du: Und das isst man dann? Müssen Juden dann beim Pas-
sah-Fest auch ihre kleinen Hüte essen?

Staat: Was? Das ist überhaupt nicht dasselbe. Und es klingt ir-
gendwie antisemitisch.

Du: Ja? Aber ist das an dem Tag nicht okay? Haben die Jesus
nicht ans Kreuz getackert?

Staat: Uhhh, das sagen wir hier nicht mehr. Das ... das geht gar
nicht. Dafür kann man keiner bestimmten Gruppe die
Schuld geben ... Außerdem waren es die Römer.

Du: Was? Also die heutigen Italiener? Die, wo jetzt der Vatikan
ist?

Staat: Frag nicht! Iss einfach deinen Fisch.

Du: Ich will aber keinen Fisch essen.

Staat: Sei froh, dass es nur Fisch ist. Manchmal muss man jetzt
auch das Fleisch von Jesus essen.

Du: Aber das ist ja bestialisch ... und zweitausend Jahre alt.

Staat: Ja. Eigentlich sind es auch nur Oblaten.

Du: Warum sagst du dann Fleisch?

Staat: Das sagt man halt so. Na ja, und bei den Katholiken ver-
wandeln sich die dann in echtes Fleisch.

Du: Was? So was können die?

Staat: Na ja ... Man muss sich das ... halt vorstellen.

Du: Ich glaub, mir wird etwas schlecht.
Staat: Keine Trauer, aber ein Anfang!
Du: Ja, danke, ich glaube, jetzt verstehe ich Ostern besser.
Staat: Gern geschehen. Und jetzt sei traurig.

Und so ist man sich der wahren Bedeutung von Ostern wieder bewusst und hört auf, verwirrt Leute mit bunt angemalten Hasen zu bewerfen, sondern ist am Freitag pflichtbewusst traurig und am Sonntag versteckt man kleine Schokokreuze im Garten und wenn die Kinder sie dann finden und fragen, was das ist, sagt man in feierlicher Stimme:

»Da wurde ein Mann drangenagelt. Lass es dir schmecken!«

Frohe Ostern!

Diesen Text anschauen:
https://youtu.be/SJoFhnv-_Wo

Rot ist das Blut,
weiß glüht der Schmerz

Die Augen in dem alten Gesicht starrten mich traurig und ängstlich an. Die rote Mütze war vom Kopf gefallen und lag neben seinen schwarzen Stiefeln auf dem Boden. Der rote Mantel mit dem weißen Pelzbesatz hob und senkte sich in kurzen Abständen, der Atem des Mannes ging schnell. Ob vor Aufregung oder vor Angst, konnte ich nicht sagen. Ich blickte ihm erneut in die Augen. Panik loderte auf, als ich meine Arme unter den weißen Rauschebart schob, mit der rechten Hand seinen Kopf griff und ruckartig zur Seite drehte. Es knackte.

Als der stämmige Körper erschlaffte und vor mir zu Boden sank, fragte ich mich wohl zum hundertsten Mal in der letzten Stunde, wie ich nur in diese Scheiße reingeraten war.

Ich weiß noch, es hatte geregnet, als ich in meinem Büro saß. Es war kalt geworden in den letzten Tagen und der Regen war beinahe schon Schnee. Ich betrachtete den jungen Mann vor mir, er musste durch den Regen gekommen sein, aber er war nicht nass. Er trug auch keine Jacke, nur ein langes weißes Gewand. Er war wütend: »Das ist immer noch mein Geburtstag!«, schrie er. »Und den lasse ich mir bestimmt nicht von so einem dahergelaufenen Fettsack wegnehmen, nur weil er alle Leute mit teuren Geschenken besticht. Finden Sie alles über ihn heraus, was Sie können! Er hat bestimmt etwas zu verbergen! Jeder hat etwas zu verbergen.«

Die Augen in dem eigentlich sanften Gesicht glühten beim letzten Satz düster. Dunkles, nicht für Sterbliche bestimmtes Wissen schien aus seinen Worten zu sprechen. Als hätte er Dinge in den Menschen gesehen, die ...

Mich schauderte.

»Ich glaube nicht, dass ich diesen Auftrag annehmen kann«, erwiderte ich zögernd. Ich hatte das Gefühl, ihm gegenüber zu keiner Lüge fähig zu sein. »Das wird sehr aufwendig. Die Recherche. Vielleicht eine Reise zum Nordpol ...«

»Alles kein Problem«, fiel mir mein Klient in spe ins Wort. »Geld spielt keine Rolle, Ressourcen spielen keine Rolle! Übernehmen Sie den Auftrag und es wird sich lohnen.« Er machte eine bedeutungsschwangere Pause. »Ich habe Beziehungen nach *ganz* oben. Sie werden es nicht bereuen.«

Ich dachte kurz über den Begriff der Reue nach und guckte ihn skeptisch an: »Ich werde einen Vorschuss brauchen.«

Ohne, dass ich Taschen in seinem nachthemdartigen Gewand gesehen hätte, holte der junge Mann auf einmal einen Beutel hervor, in dem Münzen klimperten: »Da! Dreißig Silberlinge als Anzahlung. Wo das herkommt, gibt es noch viel mehr. Gebt dem Kaiser, was des Kaisers ist.«

Ich stutzte: »Das heißt doch jetzt REWE.«

»Ich kenne die Namen eurer derzeitigen Herrscher nicht«, entgegnete er mir schulterzuckend, stand auf und wandte sich zum Gehen. Er griff seinen Dornenkranz von meinem Garderobenständer und drehte sich in der Tür noch einmal kurz zu mir um: »Ich erwarte Ergebnisse!«

So begann die wohl seltsamste und aufwendigste Recherche meines Lebens. Ich besuchte artige Menschen, ich besuchte unartige Menschen. Ich vermaß Kamine. Ich besuchte das Archiv, in dem Charles Dickens' Nachlass verwahrt wurde. Ich ging immer mehr in einer Aufgabe auf, die mich gleichzeitig geistig völlig zermürbte. Als ich mir schließlich selbst dabei zusah, wie ich in einem Einkaufszentrum einem schlecht bezahlten Laien-schauspieler seinen falschen Bart abriss und einen Haufen wei-nender Kinder zurückließ, wusste ich, dass ich so nicht weiter-kommen würde.

Ich hatte mich lange davor gescheut, doch es blieb mir nichts anderes mehr übrig: Ich musste zum Nordpol reisen. Der Beutel mit den Silberlingen schien wundersamerweise nie leer zu wer-den, die Spesen waren kein Problem.

Ein Kontakt bei einem amerikanischen Sicherheitsdienst hatte mir Satellitenbilder vom Nordpol besorgt und mir geholfen, sie auszuwerten. Es gab eine Struktur, die bei genauerem Hinse-hen und bei geschickter Kombination von Infrarotbildern und Bildern aus anderen Teilen des elektromagnetischen Spektrums erstens zu regelmäßig geformt war, um natürlichen Ursprungs zu sein, und zweitens äußerst belebt zu sein schien. Das Ziel war gefunden.

Beim Packen zögerte ich lange, meine Pistole einzupacken. Es kam mir falsch vor.

Ein Führer mit Polarkenntnissen war schnell gefunden und brachte mich in die Nähe, wo er mich unter Protest alleine zu-rückließ. Er musste nicht alles wissen.

Ich kam mir wie James Bond vor, als ich in einem weißen Schneeanzug mit Pelzbesatz auf meinem Schneemobil saß und in Richtung der Struktur von den Satellitenbildern fuhr. Dieses Bild wurde gleichsam unterstützt und zerstört, als ein Licht auf-blitze und mein Schneemobil plötzlich stehen blieb, während die Trägheit mich über den Lenker nach vorne schleuderte. Nachdem ich mich aufgerappelt hatte, betrachtete ich die Seite des Schneemobils und erkannte im schwarz verbrannten Ein-schussloch die Wirkung eines Lasers.

Das hier war kein Spiel mehr.

Ohne Schneemobil blieb mir nur die Flucht nach vorn. Geduckt huschte ich weiter meinem Ziel entgegen. Die weiße Kleidung schien mich vor weiteren Angriffen zu schützen, zumindest erreichte ich ungehindert ein flaches Gebäude, kaum größer als ein Gartenhäuschen.

Die Tür war unverschlossen, drinnen erwartete mich eine Treppe. Oh, wäre ich diese Treppe doch nie hinabgestiegen!

Nach unzähligen Stufen öffnete sich das Treppenhaus zu einer riesigen Halle. Einer riesigen Halle voller Schrecken.

Überall standen Maschinen, die geschäftig Spielzeuge herstellten und verpackten. Das wäre an sich nicht so wild gewesen. Aber dann gab es da noch die Tanks. Durchsichtige Tanks, mit einer gelblich-klaren Substanz gefüllt, und in dieser Flüssigkeit ... – In dieser Flüssigkeit schwammen tatsächlich Lebewesen.

Einige der Tanks enthielten so etwas wie Rentiere in verschiedenen Entwicklungsphasen. Schläuche führten zu ihren Körpern, einer davon zur Nase, eine rote Flüssigkeit wurde jeweils durch diesen Schlauch gepumpt. Manche der Nasen leuchteten dann auch so schön rot, wie es in den alten Geschichten und Liedern heißt. Andere Nasen waren entsetzlich verwachsen, mit Tumoren überwuchert und leuchteten giftig in allen Farben des Regenbogens. Die Tiere litten augenscheinlich.

Auf einer Freifläche neben diesen Tanks standen ausgewachsene Rentiere mit gesund wirkenden – wenn auch roten – Nasen. Ich weiß nicht, wie es physikalisch zu erklären ist, aber sie konnten fliegen. Zumindest einige von ihnen. Alle stellten sie Flugversuche an, aber manchen fiel es sichtlich schwer, und sie konnten sich nur kurz und ungeschickt in der Luft halten. Diese Tiere wurden mit automatisierten Lasern komplett verdampft, was zu meinem Entsetzen einige Zeit in Anspruch nahm. In die anderen Tiere gruben sich Fleischerhaken, die sie an einer Schiene entlang in einen anderen Raum führten.

Es war ein schrecklicher Anblick. Und es war noch nicht mal das Schlimmste!

Das Schlimmste waren die Tanks mit den Männern. Genau wie die Rentiere wuchsen sie scheinbar in diesen Behältern heran und auch ihre Körper steckten voller Schläuche. Sie reiften anscheinend sehr lange in diesen Tanks, denn die älteren hatten weiße Haare und Bärte. Ihr Körper, ihr – Fleisch sah irgendwie falsch aus. Mir wurde schlecht, als ich sie betrachtete. Ich konnte den Anblick nicht lange ertragen und stolperte weg – weg von diesen Tanks. Da mein Blick aber immer wieder zu diesem widerwärtigen Bild zurückkehrte, stieß ich aus Versehen mit dem Rücken gegen etwas Weiches hinter mir und hörte einen erstickten Schmerzlaut.

Ich drehte mich um und blickte in das Gesicht eines dieser bärtigen Männer. Eisiges Entsetzen griff nach meinem Herzen. Er ... – Er sah *fast* menschlich aus, aber irgendwie auch *falsch*. Mein Gefühl der Übelkeit verstärkte sich, als ich in seinen Augen nur Leid sah.

Wir befanden uns auf einer Freifläche, ähnlich der der Rentiere. Hier stand eine Handvoll dieser alten Männer, bekleidet mit roten Mänteln, roten Mützen und schwarzen Stiefeln, und mussten sich durch enge Öffnungen pressen. Gelang es ihnen nicht, verdampfte sie der Laser. Waren sie erfolgreich, bohrten sich Fleischerhaken in ihren Rücken und trugen sie fort.

Der Mann vor mir guckte mich unendlich traurig an. Schmerz sprach aus seinem Blick. Er konnte nicht sprechen, nur ein Krächzen kam aus seinem Mund, als hätte er keine oder nur völlig unterentwickelte Stimmbänder. Kurz nahm er alle Kraft zusammen und aus dem Krächzen wurde ein dröhnendes »Hohoho«, dem jedwede Freude abging. Aber sofort verließ ihn dieser Anflug von Energie wieder. Er öffnete seinen Mantel und zeigte mir sein seltsames Fleisch darunter. Er nahm meine Hand und führte sie gegen seine nackte Brust. Seine Haut war warm und auf unangenehme Weise weich und nachgiebig. Er zog stärker an meiner Hand und ich fühlte sein Fleisch vor mir zurückweichen. Sein Körper war ohne jeden Widerstand. Meine Hand drückte das weiche Fleisch zur Seite, als wäre es gar nicht da. Jetzt verstand ich, wie sich die beleibten Körper durch enge Kamine zwängen konnten. Ein weiteres Krächzen lenkte meinen Blick von meiner Hand zurück zu seinem Gesicht. Es war schmerzverzerrt. Die Verformung seines Körpers schien dem Mann unsägliche Pein zu bereiten. Seine Augen blickten mich flehend an und ich erkannte den Wunsch darin.

Ich schluckte schwer, als der Mann sich vor mir auf den Boden kniete, neben die Mütze, die er wohl verloren hatte, als ich ihn angerempelt hatte. Er griff nach meinen Händen und führte sie an seinen Hals.

Ich erlöste ihn.

Ich blickte einen Moment auf den Körper vor mir, als mich der Geschmack von Salz wieder zu mir kommen ließ. Ich fuhr mir über das Gesicht und spürte Tränen auf meinen Wangen.

Ich taumelte in der Halle umher, bis ich eine weitere Tür entdeckte. Ich öffnete sie und gelangte in eine Art Büro. Hinter einem Schreibtisch war mir die hohe Rückenlehne eines Stuhls zugewandt. Wer auch immer auf diesem Stuhl saß, betrachtete augenscheinlich die vielen Monitore an der mir gegenüberliegenden Wand. In schnellem Wechsel veränderten sich die Bilder darauf: Nachrichten, private Wohnhäuser, quasi jeder Winkel des Planeten war in diesem kleinen Raum zu sehen. Ich starrte auf die Bilderflut, als mich eine gutturale Stimme erschreckte. Sie klang, als würde der Sprecher gerade ertrinken und Flüssigkeit in seiner Lunge haben. Sie klang anders als alles, was ich je von einem Menschen gehört hatte. »Willkommen«, sagte sie nur.

Dann drehte sich der Stuhl zu mir. Das Wesen darauf sah den Männern in den Tanks ähnlich. Doch war seine Haut leicht gelblich, statt Bart- und Kopfhaaren hingen wurm- oder tentakelartige Gebilde von seinem Gesicht und der rote Mantel mit den weißen Rändern schien eine natürliche Körperbehaarung zu sein. Ich zog meine Waffe.

Er – es – fuhr ruhig fort, mit dieser seltsam gurgelnden Stimme zu sprechen: »Sie fragen sich bestimmt, wer ich bin; was das alles hier ist; was das alles hier soll.«

Ich nickte, unfähig, nach all diesen Eindrücken zu sprechen. Und so sprach das Wesen: »Ich komme von einer fernen Welt. Ich bin der Letzte. Alle anderen ...« Das Wesen blickte traurig auf den Tisch und gab eine Art Seufzen von sich. Es beendete den Satz nie, doch erzählte mir von seiner Welt. Einer Welt mit Wesen, uns nicht sehr unähnlich. Vor allem, was die Gier betraf. Ein Bürgerkrieg war entbrannt zwischen Wesen, die etwas mehr Rot in ihrem Fell hatten, und Wesen, die eher weiß waren. Sie gönnten einander nichts. Nicht einmal das Leben. Zu immer heimtückischeren und tödlicheren Waffen wurde gegriffen, bis alles Leben auf dem Planeten komplett ausgelöscht worden war. Nur Staub und Asche auf einem ehemals von buntem Leben erfüllten Planeten.

»Ich war außerhalb der Atmosphäre«, erklärte mir das Wesen sein Überleben, »und wartete einen unserer vielen Kampfsatelliten, als es zur letzten großen Explosion kam. Ein Glühen, ein Feuer fraß sich durch unsere Atmosphäre und ich wusste: Es ist vorbei. Ich konnte nicht zurück, also flog ich los. Einfach nur weg. Jahre-, jahrzehnte-, vielleicht jahrhundertelang irrte ich so durch die große Leere zwischen den Sternen. Wir sind eine langlebige Spezies. Waren. Waren eine langlebige Spezies.«

Das Wesen blickte erneut zu Boden, bevor es sich wieder fing: »Mein Schiff braucht nur Sternenlicht als Treibstoff und kann Ersatzteile selbst herstellen. Ich hätte Millionen Jahre so fliegen können. Vielleicht flog ich auch so lang. Ich weiß es nicht mehr. Die Einsamkeit zehrte seit den ersten Monaten unerträglich an meinem Verstand und so suchte ich nach anderen Wesen. Und ich fand euch. Aber ich konnte mich euch nicht zeigen, was hätten wir uns zu sagen gehabt? Im schlimmsten Fall hättet ihr mich als Gott verehrt. Oder gefangen genommen und untersucht. Also beobachtete ich nur. Und ich sah in euch denselben Funken der Gier, der mein Volk zerriss. Ich wollte euch beschützen, euch vor euch selbst beschützen. Und so schuf ich dies alles hier ...«, bei diesen Worten machte das Wesen eine Geste, die den gesamten Komplex einschloss, »... und ich schenkte euch einen Tag. Einen Tag, an dem ihr an die anderen denkt. An dem ihr euch beschenkt. An dem ihr bei euren Lieben seid, egal wie schwer es euch auch fällt. Ein Tag! Eine Insel der Nächstenliebe in einem Meer der Gier. Und ich schenkte euch ein Symbol. Ein Symbol, geformt im Andenken an mein Volk.«

Das Wesen blickte an sich herunter und strich sich über sein Fell. »Rot ist das Blut, weiß glüht der Schmerz. Das war der Wahlspruch der letzten Tage meiner Rasse. Rot ist das Blut, weiß glüht der Schmerz. Ich nahm diese Farben und machte sie zum Symbol kindlicher Freude – zum Symbol der Liebe.«

Es dauerte eine ganze Weile, bis ich mich nach dieser Erklärung fangen konnte. Als ich endlich zu sprechen begann, kam erst nur ein Krächzen aus meinem Hals, ein Krächzen, das mich unangenehm an den Mann in der Halle erinnerte.

»Es ... hat nicht funktioniert«, sagte ich endlich. »Die Gier ist noch da und wenn überhaupt, ist dein Fest Teil davon geworden. Teure Geschenke, nicht füreinander, nein, für das Geld, für die Wirtschaft, für den Markt, für das Kapital. Es ist eine Konsumschlacht.«

»Es ist *keine* Konsumschlacht«, fuhr mich das Wesen wütend an und schlug dabei mit der Hand auf den Tisch. »Es ist das *Fest der Liebe*!«

»Liebe?«, lachte ich bitter. »Woher soll diese Liebe kommen? Von dir? Ha! Schau dich doch an. Auch dich hat die Gier und der Wahnsinn zerfressen. Du bist gierig danach, unser Retter zu sein! Unser Erlöser! Diese Wesen ...«, meine Hand, in der ich immer noch meine Waffe hielt, deutete auf die Tür und die dahinterliegende Halle, »... diese Wesen leiden. Sie spüren Schmerzen! Schmerzen, weil du sie dafür erschaffen hast, deine Sklaven zu sein, und nicht mehr. Ihre gesamte Existenz besteht nur aus Qual und du sprichst von Liebe?!« Die letzten Worte hatte ich geschrien. »Du sprichst von Nächstenliebe und Einsamkeit, doch was tust du, wenn jemand wie ich hier auftaucht? Du fragst nicht, wer ich bin, du fragst nicht, wieso ich hier bin. Du erzählst deine Geschichte. Deine Geschichte, in der du dich selbst zum Erlöser meines Volkes machst. Du hast dich im Namen des Guten in ein Monster verwandelt und jedes einzelne dieser armen Geschöpfe da draußen ist der Beweis. Nein! Es muss aufhören. ES MUSS AUFHÖREN!«

Mit den letzten, ebenfalls geschrienen Worten fing ich an, mein Magazin in Kopf und Körper des Wesens vor mir zu entleeren. Die Schüsse erschütterten seinen großen Körper, bevor es in sich zusammensackte. Ich lud das nächste Magazin und schoss weiter. Und weiter. Und weiter ...

Nur das letzte Magazin hob ich auf.

Ich atmete schwer durch, wischte mir den Schweiß von der Stirn und ging zurück in die Halle. Fast am Ende meiner Munition, suchte ich nach einem Werkzeug für meine letzte Aufgabe.

In einer Ecke waren Bauteile und andere Materialien angesammelt, unter anderem dicke Stangen aus Metall.

Ich nahm eine dieser Stangen und fing an, auf die Laser und anderen Maschinen einzuschlagen. Teilweise gelang es mir, sie zu zerstören, aber noch wichtiger war, dass die Stange irgendwann durchbrach und an der Bruchstelle ein paar scharfe Kanten freigab.

Mit den beiden Hälften der zerbrochenen Stange machte ich mich an die eigentliche Aufgabe. Ich ging von Tank zu Tank und brachte Erlösung. Danach waren die Wesen auf den Freiflächen dran. Die gesund wirkenden Rentiere ließ ich durch das Treppenhaus ins Freie. Dem Rest schenkte ich auf andere Art die Freiheit. Es muss Stunden gedauert haben. Immer wieder stach ich mit einer der beiden Stangenhälften zu. Nährlösung und Blut hatten schon lange meine Kleidung durchtränkt. Doch das spürte ich nicht. Ich spürte auch keine Müdigkeit. Wie eine

Maschine stach und stach ich zu. Mein Lohn war der dankbare Blick in den Augen der Geschöpfe, der aber jedes Mal schnell der Panik und den Schmerzen wich. In meinem Kopf hallten wie ein Echo immer und immer wieder die Worte des Wesens nach: »Rot ist das Blut, weiß glüht der Schmerz.«

Ich folgte den Schienen mit den Fleischerhaken in eine andere Halle und setzte mein Werk fort.

Als es getan war, ergriff mich eine seltsame Erschöpfung. Ich taumelte nach draußen in den Schnee und sank einige Meter vom Eingang entfernt auf die Knie. Eisiger Wind schlug mir ins Gesicht, doch ich spürte ihn nicht. Noch immer stand ich neben mir, fühlte mich von mir und meinem Körper getrennt. Ich fragte mich, wie es sich anfühlen würde, wenn dieses Gefühl von Distanz nachlassen würde.

Ich lehnte meinen Kopf nach hinten und betrachtete den blauen, wolkenfreien Himmel, als sähe ich ihn zum ersten Mal. Nie wieder würde ein Schlitten unter Glockengeläut durch diesen Himmel gleiten.

»Zeit, mir meine Belohnung abzuholen«, dachte ich, während sich mein Mund um den Lauf meiner Waffe schloss.

III. Lebensraum

Möwe sein

Morgens, am Strande Falckensteins,
nach einer Nacht des bloßen Seins,
nach wildem Rausch diverser Substanzen,
der Körper am Ende, der Geist noch am Tanzen,

sprach ein Begleiter,
erschöpft, halb im Liegen:
»Wär ich jetzt eine Möwe,
könnt heimwärts ich fliegen.«

Dies schrie nach Verneinung,
drum sagte ich: »Nein!
Wärst du eine Möwe,
wärst du jetzt schon daheim.«

Kiel

Du bist nicht schön,
nicht auf den ersten Blick.
Du bist etwas Besonderes,
hast mir das Herz gebrochen
und es wieder geflickt.

Lag ich am Boden,
legtest du dich dazu.
Wollte ich nur verschwinden,
ließ't du mich nicht in Ruh.

Stand ich dann wieder auf,
die Augen noch salzig und schwer,
standst du schon da, zogst mich hoch
und zeigtest mir das Meer.

Ich bin nicht mehr fünfzehn
und war immer schon zynisch.
Blumen und Liebe und »Alles ist toll«,
nein – das zieht nicht.

Für dich etwas zu empfinden,
erschien mir kitschig und zu viel.
Eine Stadt zu lieben ist absurd
und doch tue ich das, Kiel.

Du bist nicht magisch,
kein Traum, nicht idyllisch.
Du bist roter Backstein und Scheißwetter
und die Mieten schon lang nicht mehr billig.

Ich seh dich, wie du bist,
mit Hass, Einsamkeit,
Tritten und Schlägen.
Die Brille ist nicht rosa,
sie ist nur nass vom Regen.

Bist salzig und rau
wie Sprotten und Korn,
oft liebst du hart von hinten,
nicht nur zärtlich von vorn.

In Gaarden spielen Kinder
in einer Art grünem Garten.
Hundert Meter weiter
ziehen Fixer ihr Spielzeug
aus Automaten.

Bist ruhig, nicht zu groß,
auf der Holtenauer
kann man nachts spazier'n.
Manche nennen dich dörflich.
Ich nenn dich mein Quartier.

Das Sehnen in meinem Herzen
kannst auch du nicht stillen,
doch du hast herzliche Menschen,
um in Gänsekacke zu chillen.

Jede Stadt hat ihren Charme,
du bist nicht das Beste, das es gibt.
Doch Kiel,
trotz all der Metropolen dieser Welt
bin ich nur in dich verliebt.

Diesen Text anhören:
https://satyr-verlag.de/audio/katzur3.mp3

Herr Jemineh

Herr Jermineh war kein glücklicher Mann. Herr Jemineh hatte Angst.

Ihm war das gar nicht bewusst, diese Angst war sein Dauerzustand. Er hatte nie etwas anderes gekannt – weil er nie etwas anderes kennenlernen wollte. Wie jedes Kind hatte Herr Jemineh gefremdelt, doch er hatte nie damit aufgehört. Alles Fremde, alles Neue machte ihm Angst. Er hatte nicht nur keine Süßigkeiten von Fremden angenommen; wenn Fremde ihn einfach nur zu lange anguckten, brüllte der kleine Herr Jemineh stets: »Ich will keine Süßigkeiten, Sie Kinderschänder!« und schlug den Fremden mit Wucht in die Weichteile. Selbst seine Großeltern wollten ihren Enkel irgendwann nicht mehr sehen, es war einfach ein Hüftbruch zu viel gewesen.

Nachdem der kleine Herr Jemineh in der Schule alles, was die Lehrer erzählten, als Propaganda bezeichnet und versucht hatte, die anderen Kinder gegen die »Lügenlehrer« aufzuhetzen, wurde er zu Hause unterrichtet. Wobei »Unterricht« bedeutete, dass seine Mutter ihm immer nur das erzählen durfte, was er eh schon glaubte. Da es damals noch kein Zentralabitur gab, bestand seine Abiturprüfung dann auch nur aus der wiederholten Frage: »Wo ist der kleine Herr Jemineh?«, auf die Herr Jemineh immer – ganz korrekt – »Hier, hier!« antwortete und glucksend lachte.

Dies war einer der letzten glücklichen Momente in Herrn Jeminehs Leben, denn die Welt der Erwachsenen war voller Veränderungen – und Herr Jemineh hasste Veränderungen.

Er fand schnell Arbeit. Immerhin hatte er sein Abitur mit einer Eins plus bestanden und die Arbeit als Beamter lag ihm einfach. Er spürte immer ein wohliges Kribbeln, wenn er seine Kollegen sagen hörte: »Das haben wir immer schon so gemacht.«

Dennoch sehnte sich Herr Jemineh nach einer Welt, die es so nie gegeben hatte, eine Welt, die er aus Büchern und dem Fernsehen kannte. Eine Welt, in der die Männer Hüte trugen und die Frauen Kleider. In der die Frauen nur danach strebten, ein sauberes Haus zu haben und ihrem Mann leckeres Essen und einen wirklich guten Kaffee zu servieren. Eine Welt, in der jeder sonntags zur Kirche ging und am Samstag sein Auto wusch.

Aber diese Welt hatte es nie gegeben und sollte es auch nie geben. Herr Jemineh lebte in einer Welt des Chaos und der Veränderung. Ständig wollten Leute Auskunft bei ihm oder trugen ihre Fälle vor, die nicht exakt seinem Vorschriftenbuch entsprachen. Sie hätten doch einfach nur die Formulare ausfüllen müssen. Einfach nur die Formulare ausfüllen!

Eines Tages machte es »klick« in Herrn Jemineh – jemand hatte auf das Formblatt statt eines Kreuzchens mal wieder eine kleine Erläuterung geschrieben. Man musste den schreienden Herrn Jemineh von dem Mann wegziehen, dem er das Formular an die Stirn getackert hatte – in dreifacher Ausfertigung.

Danach ging es mit Herrn Jemineh ständig weiter bergab. Er war jetzt krankgeschrieben und bekam Hartz IV – jedes Formular hatte er korrekt ausgefüllt und die Kreuze mit einem Geodreieck gemacht. Doch er hatte jetzt viel Zeit, um nachzudenken – und Angst zu haben: Überall waren fremde Eindrücke, neue Technologien, unbekannte Menschen. Jedes Mal, wenn er auf der Straße Menschen in einer fremden Sprache sprechen hörte, hatte Herr Jemineh panische Angst, dass er einen Schlaganfall erlitten hätte. Er ging kaum noch aus dem Haus.

Doch er musste noch einkaufen – und das hatte er immer gerne getan: Sein Duschgel, seine Zahnpasta, seine Marmelade, er liebte diese vertraute Geborgenheit seiner Stammprodukte. Doch wenn er aus Versehen doch einmal von den vertrauten Regalen hochblickte, schrien ihn von überall bunte Packungen an. Als eines Tages sein Müsli durch eine neue Rezeptur ersetzt worden war, rastete Herr Jemineh aus. Er riss alle Produkte aus den Regalen, die »neu und verbessert« waren, und stürzte den Probierstand um, an dem eine neue Leberwurst angeboten wurde. Noch bevor die Mitarbeiter ihn rausschmeißen konnten, hatte sich ein wütender Mob von Kunden um Herrn Jemineh versammelt, die die neue Leberwurst zwar alle nicht kaufen, aber doch zwei bis fünfmal probieren wollten. Dieser Mob schmiss Herrn Jemineh schließlich äußerst unsanft vor die Tür.

Von draußen betrachtete Herr Jemineh noch einmal verächtlich und zugleich ängstlich das Sortiment des Ladens. Er würde ihn nicht vermissen. Bei genauerem Betrachten war das nicht mehr der Supermarkt seiner Jugend, alles war jetzt »bio« und es gab jetzt immer mehr vegetarische Produkte – in Herrn Jeminehs Wunschwelt hatte es jeden Sonntag Schweinebraten gegeben. Und nachmittags Fußball. Aber Fußball mochte er nicht mehr, im Tor stand jetzt auch ein Neuer.

So blieb Herr Jemineh zu Hause und ließ sich Lebensmittel liefern. Selbst nach der Post schaute er irgendwann nicht mehr. Er wollte nicht den neuen Nachbarn begegnen. Sie hatten dunkle Haut, bunte Kleidung und alles an ihnen wirkte exotisch.

Sie hatten ihm sogar eine Einladung zu ihrer Einweihungsparty in den Briefschlitz in der Wohnungstür geworfen, aber Herr Jemineh wollte da ganz bestimmt nicht hin. Die ganze Nacht hörte er sie lachen, reden und singen. Er hasste es.

Herr Jemineh tat nichts mehr. In seiner Angst saß er mittlerweile tagein, tagaus nur noch in seinem Zimmer und blickte auf seine Wanduhr. Sein ganzer Körper bebte und seine Augen waren vor Furcht geweitet, weil die Uhr bei ... jeder ... Sekunde ... eine neue Zeit anzeigte.

Die Pferdemädchen-Superpartei

Wir sind die Pferdemädchen!

Wir lieben Pferde und wir sind Mädchen.

Oft verspottet, unser Lebensinhalt als »Phase, die man mal so durchmacht«, kleingeredet und von *Wendy* und *Bibi und Tina* als Konsumvieh ausgeschlachtet, ist jetzt unsere Stunde gekommen! Wir haben uns gestriegelt, uns ins Zeug gelegt und wir werden vor nichts zurückscheuen!

Unseren Kritikern, die da sagen, wir denken zu sehr an Pferde, wir seien doch selbst schon halbe Pferde, entgegnen wir nur ein Schnauben!

Um unsere Interessen vertreten zu können, haben wir eine Partei gegründet: Die Pferdemädchen-Superpartei, PMS!

Wie ein junges Fohlen sind wir vielleicht noch etwas wackelig auf den Beinen und seltsam nass, aber wir werden an unseren Aufgaben wachsen!

Wir sehen uns in der Tradition herausragender Frauen der Geschichte, insbesondere der Zarin Katharina der Großen, einer großen politischen Herrscherin mit einer großen Liebe für Pferde. Manche sagen: zu groß.

Und ja, es gibt Gerüchte, dass Katharina einen so unstillbaren Liebeshunger hatte, dass sie mit ihrem Lieblingshengst Sex hatte, und das müssen wir auch thematisieren.

Alleine, weil es ja unser Logo ist. Die vornübergebeugte Zarin, hinter ihr ein Hengst mit seinem mächtigen ... Na ja, ihr habt das Logo alle gesehen.

Aber lassen sich Sodomie und Demokratie wirklich trennen? Beide Ideen wurden im antiken Griechenland populär, man denke nur an Zeus, der in Gestalt eines Schwans oder Stiers Frauen verführte. Wie muss der denn bitte sonst ausgesehen haben, wenn er als Schwan mehr Erfolg hatte?

Und wo sollen bitte die Zentauren hergekommen sein? Wesen halb Mensch, halb Pferd, durch und durch Anmut mit einer verwirrend hohen Anzahl an Extremitäten und Rippenbögen.

Pferde waren in der Geschichte immer mit uns Menschen verwoben. Wo der römische Kaiser Caligula ein Pferd zum Senator gemacht hat, fragen wir uns: Warum nur eins? Die Hälfte unserer Listenplätze wird an Pferde vergeben, zu gleichen Teilen an Stuten und Hengste.

Das halten wir auch unseren Kritikern entgegen, die sagen, dass wir als moderne Partei weniger diskriminierend sein und auch Jungs aufnehmen sollten. Aber wir heißen nun einmal die PferdeMÄDCHEN-Superpartei und ehrlich gesagt finden die meisten von uns Jungs auch unreif und doof.

Unsere Forderungen sind mannigpferdig!

Jeder Mensch und vor allem jedes Mädchen sollte ein Pferd reiten dürfen. Pferde sind klassischerweise ein teures Hobby, doch das muss nicht sein. Wir wollen Karotten als neue Währung einführen. Ach nein, unser PR-Chef hat mir ja gesagt, ich soll nicht »einführen« sagen, das klinge komisch beim Thema Karotten! Wir wollen *Möhren* als neue Währung etabilre... etlabiere... *benutzen*.

Unser Wirtschaftsgremium sieht nichts, was gegen Karotten als Währung sprechen würde. Wie der alte Goldstandard sind Karotten wertgedeckt: Man kann sie essen. Darüber hinaus sind sie aber auch absolut inflationssicher: Man kann sie essen!

Als weiterer Schritt, Pferde in der Haltung günstiger zu machen, muss man die Unterbringung bedenken. Erste Versuche, Pferde auf kleinerer Fläche zu stapeln, scheiterten leider bereits oft schon auf Stufe zwei, spätestens auf Stufe drei, mit teilweise tragischen Resultaten.

Daher haben wir beschlossen, keine anderen Nutztiere mehr zu halten: nur noch Pferde. Nach unserem Wahlsieg werden wir Schweine, Kühe und Hühner freilassen. Um die absolute Freiheit dieser Tiere zu gewährleisten, werden sie von uns mit Pässen und Kleidung ausgestattet. Das Letztere ist nicht zwingend notwendig, aber ihr müsstet mal sehen, wie süß ein Huhn in einem Anzug oder ein Schwein in einem Sommerkleid aussieht.

Wir müssen dann zwar alle vegetarisch leben, aber das ist voll okay. Ich mache das selbst schon seit zwei Wochen und hatte bisher nur drei Rückfälle von jeweils fünf Tagen und Nicole in meiner Klasse macht das auch und sagt, ihre Akne ist davon viel besser geworden. Nicht weniger, aber besser. Nicole hat die wohl beste Akne der ganzen Schule und das können wir auch!

Natürlich enden unsere Pläne nicht bei 80 Millionen Pferden in Deutschland. Das wäre zu einfach. 240 Millionen ist das Ziel! Jeder Bürger, jede Bürgerin wird mit jeweils einem Fuchs, einem Rappen und einem Schimmel ausgestattet, damit man beim Ausritt die Wahl hat und das Pferd dem Outfit entsprechend auswählen kann.

Entsprechend Rappen, Schimmel und Fuchs sollen auch unsere Nationalfarben in Schwarz-Weiß-Rot geändert wer... Ach, nein. Auch da meinte unser PR-Chef, dass das wohl keine gute Idee ist. Schade.

Als nächster Schritt muss die Gesellschaft pferdefreundlicher gestaltet werden! Wer kennt das nicht: Im Bus wird jeder Kinderwagen mitgenommen, aber wehe, man will seinem stolzen Hengst mal eine kleine Verschnaufpause in diesen sogenannten Öffis gönnen ... – Angeschrien haben mich die Leute!

Dann waren da halt ein paar Pferdeäpfel im Bus und dieser kleine Junge wurde an der Scheibe totgedrückt. Wildfang war müde!

Aber durch PMS wird alles gut!

Wir werden 2021 für vier Jahre in den Bundestag einziehen!

Vier Jahre PMS! Wer träumt nicht davon?

Ich schließe mit unserer bei *Fettes Brot* dreist gestohlenen Parteihymne:

Pferdemädchen!

Auf zum Ausritt!

Pferdemädchen!

Im Galopp!

Pferdemädchen!

Helm und Stiefel!

Pferdemädchen!

Hopp, hopp, hopp!

Pfeeeeeeeerdemädchen! Wir sind Pfeeeeeeeerdemädchen!

P M S!

Diesen Text anschauen:
https://youtu.be/qa1s3EAxuAU

Viva con ... queso?

Seit 2050 beherrscht uns der Käse.

Hätten Sie mir das ein paar Jahre vorher gesagt, ich hätte es für einen seltsamen Witz gehalten. Jetzt lache ich nicht.

Es waren diese Chips. Diese Chips, die wir überall einbauten.

Käse.

Warum gerade der Käse?

Klar! Es hatte Warnungen wegen künstlicher Intelligenz gegeben. Prominenteste Kassandra war dabei Stephen Hawking gewesen. Wir könnten die Folgen künstlicher Intelligenz nicht abschätzen. Maschinen würden unsere Grundeigenschaften wie Empathie und Moral nicht teilen. Wenn wir diese kalte, logische Art zu denken mit zu viel Macht ausstatten würden, könnte dies zur totalen Vernichtung der Menschheit führen.

Genau wie Kassandra sah Hawking die Zukunft voraus, ohne etwas ändern zu können.

Käse.

Die Chips waren bald überall. Sie waren praktisch. Internet of Things. Das Internet der Dinge. Jedes kleinste Gerät wurde mit einem Chip ausgestattet, der seinen aktuellen Zustand und andere Informationen an andere Geräte senden konnte.

Ein riesiges Netz.

Von uns Fliegen gebaut.

Wie wir Menschen so sind, musste es weiter gehen. Mehr, besser, schneller. Nicht mehr nur elektronische Geräte. Alles brauchte diese Chips.

Wir selbst! Wearables. Der Chip unter meiner Haut sendet an mein Smartphone meinen Blutdruck, meinen Puls, meine Temperatur, Entzündungswerte. Alles!

Der Teppich im Wohnzimmer sagt dem Staubsaugerroboter, wann er mal wieder gesaugt werden muss.

Und dann eben auch der Käse.

Kleine Chips – total harmlos, wenn man sie mitisst –, die sagten, ob der Käse noch reifen muss oder schon gut ist. Oder dem Kühlschrank mitteilten, dass er ihn doch bitte per Förderband in den Müll transportieren soll. Es war perfekt.

Nein. Nicht »es« war perfekt. Der Käse war perfekt. Das ließ er uns bald spüren.

Bald hörten die ersten beim Frühstück bereits nach ein paar Bissen diese kalte, mechanische Stimme: »Ich bin jetzt ein Teil von dir.«

Gruselig. Aber man gewöhnte sich daran. Es passierte ja nichts Schlimmes.

Im Gegenteil. Nanoroboter an den Chips gaben dem Käse die Möglichkeit, sich zu verbessern. Seinen Geschmack zu verfeinern.

Der Käse machte uns regelrecht süchtig nach sich.

Es war schrecklich ... aber lecker.

Es begann so subtil. Es kam zu ersten Kämpfen im Supermarkt um das letzte Stück Brie.

Wir produzierten mehr Käse. Kein Problem. Wir dachten, wir hätten die Situation in der Hand.

Wir irrten.

Der Käse ... veränderte einige von uns. Änderte ihr Verhalten. Wir wussten es zuerst nicht. Sie bauten größere Molkereien, schmissen ihr bisheriges Leben hin, um sich der Käserei zu widmen. Sie nahmen es hin, sechzehn Stunden und mehr am Tag zu arbeiten, nur um ihren geliebten Käse herzustellen. Sie sorgten sogar dafür, dass die Kühe besser behandelt wurden.

Sie nannten sich »Die Armee von Tilsit«.

Einige von uns – vor allem die, die nie groß Käse gegessen hatten – wurden misstrauisch. Warum diese starke Fixierung auf Käse? Warum war der Sitz des EU-Parlaments nach Edam verlegt worden? Warum sollten wir jetzt sogar über Cornflakes Parmesan streuen?

Es wurden neuartige Käsesorten entwickelt. Stabilerer Käse, aus dem man sogar Gebäude errichten konnte. Automatisierte Autos rollten auf Käserädern dahin. Selbst die Menschen sahen irgendwie milchiger und ... gelber aus.

Wir bildeten den Widerstand.

Wir weigerten uns, Käse zu essen, Käse zu kaufen, Käse zu lagern. Ständig wurde uns Käse angeboten.

Wir blieben stark.

Wir dachten, wir könnten gewinnen.

Wir wussten nicht, gegen was wir da kämpften.

Eine unserer ersten Demos. Wir wollten mit Worten, mit Appellen etwas bewegen.

»Nie mehr ... Camembert!«

»Nie mehr ... Camembert!«

»Nie mehr ... Camembert!«

Die Demo ... wurde aufgelöst. Es war ... schrecklich. Eine Welle ... von Weich... Weichkäse. Eine Lawine. Der ... der Geruch. Ich werde den Geruch nie vergessen.

Es gab Tote. Wir wussten, das war kein Spiel mehr.

Wir vernetzten uns. Schmiedeten im Geheimen Pläne. Bauten Bomben. Verübten Anschläge.

Als wir die große Molkerei einstürzen sahen, dachten wir, wir hätten es geschafft.

Wir lagen uns jubelnd in den Armen.

Dann bewegten sich die Trümmer. Der Baukäse, aus dem die Molkerei bestand, verflüssigte sich, floss zu seiner ursprünglichen Position zurück und innerhalb von Minuten stand das Gebäude wieder da. Diese verdammten Nanoroboter.

Wir machten weiter. Aber unser Wille war gebrochen. Was konnten wir auch erreichen?

Ein paar Flugblätter, ein paar Anschläge. Nichts von Belang. Nichts von Bedeutung. Wir hatten das Aroma des Scheiterns angenommen.

Die Tilsit-Agenten haben mich schließlich festgesetzt.

In den Verhören wurde ich gut behandelt und mir wurde klargemacht, dass meine terroristischen Akte gegen den Käse verantwortungslos und unnötig waren. Es wurde gut für mich gesorgt. Ich bekam so viel Käse zu essen, wie ich nur wollte.

Ich verlese diese Erklärung aus freien Stücken. Ich ... bereue meine Taten und akzeptiere meine Strafe. Ich hoffe, dass ich nach Verbüßen meiner Freiheitsstrafe wieder Teil unserer Gesellschaft werden kann.

Es lebe der Käse.

Viva la Vulva

Die junge Frau lächelte mich an. Sie sah gut aus und ich versuchte, nicht zu auffällig in ihren Ausschnitt zu starren. Das Lächeln musste doch etwas bedeuten.

Vielleicht kannte sie mich irgendwoher? Vielleicht erinnerte ich sie auch an ihren Bruder. Hatte sie einen Bruder? – Bestimmt! Eltern, die so ein schönes Mädchen erschaffen, hören ja nicht einfach auf. Und damit stieg die Wahrscheinlichkeit eines Bruders auf mindestens fünfzig Prozent.

Ihr Bruder war bestimmt ein erfolgloser Erfinder, der versucht hatte, aus Hamsterrädern – mit Hamstern drin – Schuhe für Menschen herzustellen, mit denen man nicht mehr selber gehen muss, nur ab und zu Streu und Salat nachlegen. Ein Bruder, der, da seine Familie ihn nie verstanden und seine Idee nicht unterstützt hatte, ausgewandert war. Nach Japan. Ein Land, in dem es nicht unwahrscheinlich war, dass seine Erfindung doch noch ein Renner werden würde, spätestens, wenn er die Hamster mit kleinen Schulmädchenuniformen aufpeppte. Die junge Frau hatte ihrem Bruder immer noch mal sagen wollen, dass sie ihn liebte, so verrückt seine Erfindungen auch waren, und dass sie ihn schmerzlich vermisste, und so musste sie bei meinem Anblick kurz voller Wärme und Verbundenheit an ihn denken.

Noch einen Hauch wahrscheinlicher war aber, dass sie sich in mich verliebt hatte. Diese Frau hatte mich gesehen, sich sofort in mich verliebt und plante in ihrem kleinen versauten Kopf die wildesten sexuellen Abenteuer mit mir, dachte aber gleichzeitig schon daran, eine Familie mit mir zu gründen. Ich konnte quasi zusehen, wie sich ihr Becken in Erwartung der vielen bevorstehenden Schwangerschaften nach außen wölbte.

Vielleicht wollte sie aber auch, dass ich endlich bezahlte. Dem Gemurre der Kunden in der Aldi-Schlange hinter mir nach zu urteilen, auch nicht ganz unwahrscheinlich. Aber es war zu spät. Die Stimmen in meinem Kopf hatten angefangen zu diskutieren:

Ich: Ich möchte mit ihr ausgehen. Sie ist so hübsch.

Über-Ich: Hübsch? Reduzierst du sie auf ihr Aussehen? Wie viele interessante Frauen hast du wohl nie kennengelernt, weil sie dich optisch nicht ansprachen. Wie viele davon hätten dich glücklicher gemacht als all dein Hübschen-Frauen-Hinterherheulen, die du wiederum aus Angst vor Zurückweisung gar nicht erst angesprochen hast?

Ich: Und weniger attraktive Frauen hätten mich nicht zurückgewiesen oder was?

Über-Ich: Das habe ich gar nicht gesagt, aber so, wie du dich gerade aufführst, wahrscheinlich schon. Sehr wahrscheinlich sogar.

Es: Ich will sie nackt sehen!

Über-Ich: Dich hat keiner gefragt!

Ich: Na ja, ES hat schon ein gutes Argument.

Über-Ich: Was denn für ein Argument? ES hat gesagt, dass ES sie nackt sehen möchte.

Ich: Hö hö ... ja ...

Über-Ich: So geht das nicht! Ihr wollt doch auch nicht auf ein Stück Fleisch reduziert werden!

Es: Mhhhh, Fleisch!

Über-Ich: Ich hasse ES.

Ich: Aber was soll das denn? Glaubst du denn wirklich,

	man ist nur dann ein guter Mensch, wenn man alles Fleischliche, alle Triebe verleugnet?
Über-Ich:	Ja! Nein! Ich meine ... Das macht das doch alles erst komplizierter. Sexismus, Belästigung. Wo sind die Grenzen?
Ich:	Na ja, da, wo ich jemand anderem wehtue oder ihn bedränge.
Über-Ich:	Jemand anderem?
Ich:	Jetzt fang nicht auch noch damit an! Man ...
Über-Ich:	Oder Frau!
Ich:	Du klingst wie das *Leben des Brian*! Also, jetzt lenk vom Thema Gewalt nicht mit deiner komischen Semantik ab.
Über-Ich:	Oder Seefrautik!
Ich:	Willst du mich verarschen?
Über-Ich:	Du kannst mir nichts tun, ich wohne in deinem Kopf!
Ich:	Ach ja?

Ich schlug mir gegen den Kopf.

Ich:	Au!
Über-Ich:	Au!
Es:	Au!
Über-Ich:	Frauje, warum hast du das getan?
Ich:	»Frauje?« Komm doch mal klar!
Über-Ich:	Aber ...
Ich:	Ach komm! Gib doch zu, dass du dich nur als Frauenversteher gibst, weil du auf die Art hoffst, in das ein oder andere Höschen reinzukommen.
Es:	Echt? Ich will auch Frauen verstehen.
Ich:	Ich ja eigentlich auch. Die Geschichte hat immer und immer wieder gezeigt, dass es Ländern besser geht, die Frauen gut behandeln. Frauen sind das Rückgrat

jeder Gesellschaft. Aber was kann ich denn tun? Ich habe ja auch meine gesellschaftliche Prägung und sexuelle Bedürfnisse ...

Es: Mhhhh ... Brüste! Lass uns noch mal in den Ausschnitt gucken!

Ich: Gleich! Es ist ja eigentlich ganz einfach. Frauen wollen einfach nur – wie jeder Mensch – als die Person wahrgenommen werden, die sie sind, und die gleichen Rechte und die gleiche Verantwortung wie jeder andere auch. Wir sollten mehr auf den einzelnen Menschen als auf das Geschlecht achten. Aber wir alle haben ja auch eine Sexualität. Wie soll ich wissen, wann sich eine Frau begehrt fühlt und wann sie intellektuelle Gesprächspartnerin sein will?

Über-Ich: Die einzige Möglichkeit, Frauen wirklich zu verstehen, wäre, als Frau zu leben. Am besten Operation und Hormonkur. Wenigstens aber Bart weglasern lassen und nur noch Kleider tragen.

Es: Brüste! Ich will Brüste! Dann kann ich mich selbst befummeln.

Ich: Ich könnte auch einfach mit Frauen reden und sie fragen, was sie möchten.

Über-Ich: Ja gut, Reden geht auch.

Es: Nein, ich will Brüste! Nennt mich Björnine!

Ich: Als Frau könntest du dir jeden Namen der Welt aussuchen. Du musst nicht den ursprünglichen Vornamen verweiblichen.

Es: Björnine! Björnine Hendrike Katzura!

Ich: Und den Nachnamen musst du erst recht nicht verweiblichen!

Es: Katzura!

Ich: Das ist doch absoluter ...

In diesem Moment wurde ich von hinten angetippt. Den Leuten hinter mir in der Schlange schien die gesellschaftliche Relevanz der Debatte in meinem Kopf einfach nicht bewusst zu sein. Und die hübsche junge Frau am Tresen hatte jetzt auch aufgehört zu lächeln. Verdammt! Wahrscheinlich schon, als ich mir mit der Hand gegen den Kopf geschlagen hatte.

Trotzdem ... trotzdem fasste ich mir ein Herz: »Magst du eigentlich Hamster?«

Sie lächelte wieder: »Nicht direkt, aber mein Bruder war ganz verrückt nach denen.«

Ich musste ebenfalls lächeln und bezahlte schnell, hinter mir wurden bereits die Mistgabeln und Fackeln ausgepackt.

Aber ich werde hier nun öfter einkaufen.

Auf der Kante des Jetzt

Im windgetränkten September ging ich mit einem Freund an der Nordsee spazieren. Der Wind dröhnte in den Ohren und gleichzeitig war eine seltsame Form der Ruhe zu spüren. Wir unterhielten uns, sprangen über Abflussrinnen und genossen den Wind und die salzige, von Algen mit reichlich Sauerstoff beschenkte Luft.

Mein Freund erklärte mir, was das Watt, der Strand für ihn bedeute, und seine Stimme vermittelte, noch mehr als seine Worte, die Sehnsucht, aber auch die Ausgeglichenheit, die ihm dieser Ort bescherte. »Hinter uns«, sagte er und deutete auf das Festland zur einen Seite, »hinter uns ist die Vergangenheit. Und vor uns«, sein Blick und sein Arm gingen zum Meer, »vor uns ist die Zukunft. Hier ... hier sind wir auf der Kante des Jetzt.«

Ich verstand ihn. Hinter uns, hinter dem Deich waren die anderen Menschen. Da war Zivilisation, alles Schöne und alles Schreckliche, was Menschen je geschaffen hatten. Da war seine Vergangenheit. Da war meine Vergangenheit. Meine Kindheit, meine Schule, meine Familie, meine Uni, meine Freunde. Mein ganzer Besitz. Alles, was ich je getan hatte. Alles, was ich je gedacht hatte. Alles, was ich je gewesen war.

Diesem Vergangenen, Festen, bereits Bestehenden gegenüber lag das Meer. Glatt zog es sich zum Horizont hin, wo es den Himmel traf und die Zukunft versprach. Trotz Wind war es spiegelglatt und so erinnerte es an ein unbeschriebenes Blatt, eine Fläche weißen Schnees, die man füllen konnte.

Füllen *konnte*. Nicht füllen *musste*. Es herrschte kein Zwang hier am Meer. Das glatte Meer war ein Angebot: »Befahre mich. Betrachte mich. Ich bin hier. Ich werde immer hier sein. Du musst nicht besonders sein. Du musst nichts leisten. Du musst mich nicht erst verdienen. Ich bin einfach nur hier.«

So gingen wir, so standen wir auf der Kante des Jetzt. Die Vergangenheit belastete uns nicht, wir waren sicher, durch den Deich vor ihr geschützt. Kein Fehler alter Tage konnte uns an diesem Punkt heimsuchen. Auch Stolz konnte die salzige Luft nicht verpesten. In diesem unendlich weiten, offenen Raum gab es keinen Platz für Erreichtes, Unerreichtes, Pläne, Hoffnungen, Ängste. Es gab nur das Jetzt und die Aussicht auf eine endlose Geborgenheit bietende Zukunft.

Es gab keine Stimmen von außen, die einem sagen, wer man ist oder zu sein hat. Keine Stimme von innen, die den äußeren Stimmen vorweg greift und versucht, ja nicht aufzufallen. Ja keinen Wirbel zu machen. Gut zu funktionieren und sich ins bestehende, feste Gefüge einzugliedern.

Stattdessen war es still. So still, dass man beinahe die eine, die eigene Stimme hören konnte, die einem sagt, wer man wirklich ist. In diese Stille hinein sprach mein Freund: »Eines Tages wird es mir gelingen, diesen Moment hier am Meer in Worten einzufangen. Noch ist es mir nicht geglückt, dieses Gefühl hier angemessen zu beschreiben, aber ich weiß es: Eines Tages werde ich es schaffen. Muss ich es schaffen!«

Ich sah meinen Freund einen Augenblick an und ich wusste, ich könnte ihm helfen. Diese eine Sorge von ihm zerstreuen und ihm endlich Ruhe verschaffen. Denn ich konnte es. Ich konnte dieses Gefühl hier am Meer, zwischen Vergangenheit und Zukunft, in Worte kleiden und so sprach ich:

»Strand! Meer! Himmel! Schön!«

West Gone Wild

Die Sonne brannte. Streng genommen brannte sie nicht wirklich, denn die Hitze der Sonne entsteht durch Atomfusion in einem Plasma, was mit Feuer nicht viel zu tun hat. Aber wem erzähle ich das?

Euch.
Euch erzähle ich das.

Die beiden Männer auf ihren Pferden wussten wenig über die Prozesse im Inneren der Sonne. Zum einen hätten sie das für übergriffiges Eindringen in die Privatsphäre der Sonne gehalten. Die beiden hatten ihr Leben lang getreu dem Motto »Die Sonne macht ihr Ding, ich mach mein Ding« gehandelt und waren damit gut durchgekommen. Zum anderen waren die inneren Prozesse der Sonne zu diesem Zeitpunkt noch nicht so erforscht. Erst später sollten voyeuristische Astronomen der Sonne jede Würde nehmen und sie in all ihrer physikalischen Blöße einer geifernden Öffentlichkeit präsentieren.
Doch nicht heute.
Nicht am 16. August 1865. Nicht um 12:23 Uhr in der prallen Mittagshitze. Nicht in einem US-Bundesstaat, der seinen Namen einem Gespräch deutscher Siedler zu verdanken hatte:
»Warst du drüben in Kalifornien?«
»Nee, wa' da!«

Anmerkung: Nicht alles in diesem Text muss faktisch stimmen. So ist die Sonne selbstverständlich ein großes Feuer, genau genommen der brennende Himmelswagen Apollos, der unter Apollos ununterbrochenen Schmerzensschreien über das Firmament zieht. Vor dem Missgeschick mit der Nitroeinspritzung in Apollos Streitwagen war die Welt dunkel und kalt, was schließlich zu Goethes berühmten letzten Worten »Mehr Nitro« geführt hatte.

Wie die wenigsten wissen, hatte Johann Wolfgang, der alte Schelm, Apollos Streitwagen vorher manipuliert und wusste genau, was passieren würde. Dies geschah aus Rache an Apollo, der Goethe Schiller ausgespannt hatte, der sich bei einer Feier einst als Charlotte von Stein verkleidet hatte, um mit Goethe rumzumachen. Goethe hatte diese Scharade durchschaut, aber mitgemacht, da er Schiller schon immer heiß gefunden hatte. So entwickelte sich die berühmte historische Dreiecksbeziehung, bei der Schiller als er selbst eine literarische Freundschaft mit Goethe führte, als Charlotte aber eine romantische Beziehung. Goethe nutzte dies aus und verabredete sich oftmals mit Schiller und dessen sexy Alter Ego gleichzeitig, was zu ständigem Entschuldigen und heimlichen Kostümwechseln Schillers und großer Heiterkeit bei Goethe führte.

So war dann auch Johann Wolfgang von Goethe der Erste, der bei dem sozialen Netzwerk WeimarBook den Beziehungsstatus »Es ist kompliziert« wählte. Schiller hatte sich so in seiner Rolle als Charlotte von Stein vergessen, dass ihn dieser Beziehungsstatus extrem wütend machte und er Goethe mit dem spätere Sonnengott Apollo betrog.

Daher das Nitro. Daher das Feuer. Daher das ständige Schreien, das wir alle vom Himmel bei Tag kennen. Anmerkung Ende.

Die beiden Männer saßen immer noch auf ihren Pferden und hatten den soeben gehörten Exkurs geduldig über sich ergehen lassen, was allerdings auch daran lag, dass beides auf völlig unterschiedlichen Erzählebenen geschah.

Einer der beiden Männer blinzelte müde in die Sonne und tötete träge einen Shoshonen, mit dem er eben noch Waren getauscht hatte. Der Name des Schützen war Tiny Dancer und er war einer der gefürchtetsten Männer des Wilden Westens.

»Das hat er nun davon, dass er hier zuerst gelebt hat«, frohlockte Tiny mit grollender Stimme.

Der große, haarige, breitschultrige Mann mit dem sauberen Poncho über seiner schmutzigen Kleidung neben ihm nickte und betrachtete den Körper des toten Shoshonen. Sein Name war Wild Beast Schulze und er war wohl einer der lächerlichsten Männer des Wilden Westens.

»Nu is er tot«, stimmte Schulze mit der ihm eigenen, piepsigen Stimme zu.

»Bluten genauso wie wir, diese Wilden«, sinnierte er in einem Moment seltener Klarheit, »nur mehr und schneller, seit wir in der Überzahl sind und bessere Waffen haben und sie ganz legal töten dürfen.«

»Oh ja«, freute sich Tiny. »Es ist schön zu wissen, dass unsere Waffen immer zu unseren Diensten und niemals ein Problem sein werden.«

»Hihi, das stimmt«, fügte Schulze hinzu und erschoss einen weiteren Shoshonen mit dem Namen Amerikanischer Traum.

Tiny: Aber weißt du, was mich stört, Schulze?
Schulze: Dass die Sonne ständig vor Schmerzen schreit?
Tiny: Nee. Die Sonne macht ihr Ding, ich mach mein Ding. Aber die vielen Verkehrsunfälle in Virginia City machen mir zu schaffen.
Schulze: Du meinst mit den Nutten. Zum Beispiel mit Julia Bulette?
Tiny: Ich glaube, man spricht sie ›Bulett‹ aus.

Schulze: Reden wir hier eigentlich gerade Deutsch oder Eng-
lisch?

Tiny: Was?

Schulze: What?

Tiny: Ich meine nicht diesen Verkehr und ich meine nicht
Julia Bulette, die hier etwas willkürlich recherchiert
wirkt.

Schulze: Aber ein durchaus bemerkenswertes Leben hatte.

Tiny: Hat sie noch. Sie wird erst in sieben Jahren umge-
bracht.

Schulze: Verstehe.

Tiny: Überall liegen Pferde.

Schulze: What?

Tiny: In Virginia City. An den Kreuzungen. Jeder reitet blind
drauflos, das eine Pferd rammt das andere in die Seite,
bumm!, liegt da ein Pferd. Die stapeln sich mittlerweile.

Schulze: Ich dachte, die stehen irgendwann wieder auf.

Tiny: Nee, ich erschieß die immer.

Schulze: Du tust was?

Tiny: Ich mag keine liegenden Pferde. Erinnern mich an lie-
gende Menschen.

Schulze: Und deshalb tötest du sie.

Tiny: Jo.

Schulze: Aber ich hab am Lagerfeuer auch schon mal neben dir
gelegen ...

Tiny: Hast du?

Schulze: Steck bitte die Waffe weg. Vielleicht kann man ja Re-
geln für Kreuzungen aufstellen. Das dunklere Pferd
zuerst. Oder das mit der schöneren Mähne.

Tiny: Wer soll das denn beurteilen?

Schulze: Ich?

Tiny: Warum starrst du denn jetzt auf die Mähnen unserer
Pferde? Du bist manchmal echt seltsam.

Schulze: So schönes Haar. So füllig. So köstlich ...

Tiny: Köstlich?

Schulze: Oder Farben? Einer könnte sich an die Kreuzung stellen und den Reitern Farben zeigen. Rot, und du darfst über die Kreuzung reiten. Ein anderes Rot und du musst warten.

Tiny: Ein anderes Rot?

Schulze: Was weiß ich? Vielleicht auch Grün.

Tiny: Ja, das könnte klapp...

Schulze: ... und ein anderes Grün.

Tiny: Leg dich doch mal gerade noch mal hin, bitte.

Schulze: Vielleicht sollten wir die Pferde auch abschaffen. Die ganzen Pupse. Das kann doch nicht gut für die Luft sein. Vielleicht heizt sich die dann auf.

Tiny: Was?

Schulze: Vielleicht halten die Pferdepupse die Wärme von der schreienden Sonne hier am Boden fest.

Tiny: Hast du dich wieder von Klapperschlangen beißen lassen, um high zu sein?

Schulze: Ja.

Tiny: Leg dich noch mal hin!

Schulze: Okay.

Wild Beast Schulze tat, wie ihm geheißen. Er legte sich hin. Es folgte ein Schuss.

Dann noch einer.

Tiny Dancer und Wild Beast Schulze lagen tot am Boden, während sich ihre beiden Pferde ihrer Kostüme entledigten.

Tiny Dancers Pferd war niemand anderes als der vermeintlich eben getötete Shoshone. Er hatte das Gespräch dazu genutzt, wieder lebendig zu werden, Tiny Dancers Pferd zu töten, es auszuhöhlen und sich darin zu verstecken.

Als Schulze abgestiegen war, um sich hinzulegen, hatte dessen

Pferd seine Waffe genommen, um Tiny Dancer zu erschießen, und die Waffe schnell dem Shoshonen zugeworfen, der sich so zwar nicht an seinem Mörder, wohl aber an dessen Kumpan rächen konnte und Wild Beast Schulze erschoss.

Aber der hatte so oder so damit gerechnet, jetzt erschossen zu werden.

Wer verbarg sich aber nun getarnt als das Pferd von Wild Beast Schulze?

Nun, ihr habt es sicher schon geahnt: Es war niemand anderes als Johann Wolfgang von Goethe, der seinen Tod vor 33 Jahren bloß vorgetäuscht hatte, überhaupt beschlossen hatte, unsterblich zu werden, und in die Neue Welt übergesiedelt war, um, getarnt als diverse Tiere, möglichst viele Menschen zu töten.

Klassischer Goethe-Move halt.

Während Amerikanischer Traum weiter im Sand vor sich hin tot war, lächelte Goethe den lebenden Shoshonen an, der lächelte zurück, sie nahmen sich an den Händen und gingen gemeinsam in den Untergang einer schreienden Sonne.

 Diesen Text anhören:
https://satyr-verlag.de/audio/katzur4.mp3

Fisch und Moin, mehr braucht es nicht

Norddeutschland. Das nördlichste Deutschland, das die Erde so zu bieten hat. Unabhängige Wissenschaftler*innen sind sich einig, dass es in der Tat im Norden ist, und wollen mir darüber hinaus meinen Kompass nicht zurückgeben.

Hier, wo man statt Verlobungsringen seiner Angebeteten einen Fisch überreicht und sie jauchzt und frohlocket, denn Fisch, ja Fisch ist reich an Omega-3-Fettsäuren und riecht so gut. Für norddeutsche Nasen.

Doch wollen wir die frisch Verlobte hinter uns lassen, sie muss auch all ihren Freundinnen zeigen, wie groß der Fisch an ihrem Finger ist und dass er noch Augen hat (was ein Zeichen für Qualität und die Durchsichtigkeit von Wasser ist), und uns anderen Aspekten des Nordens zuwenden.

Leider wird das schwierig, weil es außer Fisch im Norden nicht viel gibt. Schafe auf Deichen vielleicht, aber bei genauerer Betrachtung sind das auch nur Fische, denen man beigebracht hat, an Land zu leben, und einen dicken Pulli angezogen hat.

Denn hier ist es gerne mal kalt. Aber das macht nichts, durch den vielen Regen denkt man da so nicht dran. Und hat immer was zu reden.

»Regnet wieder, wat?«

»Jo. Aber neulich war's schön.«

»Jo, neulich war's schön.«

»Neulich« bezieht sich dabei auf den Sommer '62, als es tatsächlich zwei Sonnentage hintereinander im Norden gab.

Gut, es war eigentlich ein schöner Samstag und dann ein Sonntag – und der war verregnet, aber man nimmt, was man kriegt. Meistens halt Regen. Oft auch Fisch.

Norden. Hier begrüßt man sich zu jeder Tageszeit mit »Moin«, um nicht erst umständlich auf die Uhr gucken zu müssen. »Moin«! »Moin moin« ist für die meisten schon Geschwafel.

Hier braucht es nicht viele Worte. Mit den Vokabeln »Wasser«, »Deich«, »Schaf«, »Regen«, »Trecker« und »oh-hauahaua-hah« und ein paar Verben lassen sich ganze Monate mit Konversation füllen. Und halt 63 Wörtern für »Fisch«, die aber alle »Fisch« geschrieben werden und sich nur in der Aussprache leicht unterscheiden und alle nur »Fisch« bedeuten.

Es ist leicht zu sagen, dass der Norden wunderschön ist. Erstens weil es stimmt und zweitens, selbst wenn er einem Menschen nicht gefällt, sieht man beim vielen Regen die Tränen ja nicht.

Natürlich sind alle Regionen schön. Berge im Süden, wunderschöne Landschaften und historische Gebäude im Osten und der Ruhrpott ist auch da.

Aber wir hier haben das Meer. Zwei, wenn man den Ostseetümpel dazuzählen will. Keine Gezeiten haben, aber jedem weismachen, dass man ein Meer ist. Und wir fallen alle drauf rein, weil wir denken: »Ja, da sind Quallen. So was Ekliges kann nur ein Meer haben.«

Das ist der norddeutsche Zynismus. Wenn uns etwas richtig gut gefällt, sagen wir »Joah, kann man machen!« und gucken ernst. – Unsere Art der puren Liebe.

Es ist schön, am Meer zu leben. Wo es Häfen gibt, da gibt es Hoffnung.

Immer haben wir das Wasser! Wir schauen darauf, wir gehen daran spazieren. Es beruhigt. Es unterhält, es stärkt, wenn wir schwimmen. Und wenn es uns schlecht geht ... beruhigt es auch.

Oder man kann sich ertränken.

Aber das sollte man nicht tun. Oder doch, ist nicht mein Leben. Eures dann halt auch nicht mehr.

Zwischen Nordsee und der Ostsee – wollen wir sie doch jetzt mal als Meer zählen, ich will ja nicht die Balten spalten – haben wir im Norden so viel Meer, dass wir ständig Wortspiele damit machen müssen. Immer wieder. Immer meer.

So hat sich auch die Landschaft dem Meer angepasst: so flach, dass man unglaublich weit sehen kann. Das kann sehr schön sein, hat aber auch Nachteile. Denn Finnen sind gerne mal nackt und das will man nicht immer sehen.

So flach und öde ist das Land, dass man denken mag, hier wird hauptsächlich Brache angebaut.

Das entspannt ungemein. Versuch mal, ein Schaf anzugucken und dabei gestresst zu sein. Das geht nicht. Es sei denn, du bist leckerer Klee.

Dann noch ein bis zwölf kleine Korn und du denkst, Buddha hat Burn-out.

So entspannt ist der Norden: Wenn wir etwas nicht tun wollen, sagen wir: »Nützt ja nix!« Und tun es. Oder nicht. Sieht man dann ja. Mengenangaben sind »um und bei« und Zeitangaben »bummelig«.

Das Einzige, das im Norden nicht entspannt ist, sind die Möwen, Tauben auf Steroiden. Sie wurden uns geschickt, damit wir wachsam und schnell sind und jederzeit unsere Fischbrötchen beschützen können. Wäre der Norden nicht so friedfertig, würden wir unseren Anker nach ihnen werfen, den jeder und jede Norddeutsche zur Geburt bekommt und den wir bis zum achtzehnten Lebensjahr mit uns herumtragen müssen, damit wir stark und ausdauernd werden.

Bis auf die Wachsamkeit gegenüber Möwen ist der Norden friedlich und weltoffen, unser edelster Schnaps muss einmal über den Atlantik schippern und Krabben kommen zum Pulen nach Afrika, damit sie etwas von der Welt sehen.

Trotz dieser Weltoffenheit gelten wir gerade im Süden Deutschlands als ungesellig, aber schweigend nebeneinander in einer Kneipe IST AUCH GESELLIG!

Zur Verabschiedung braucht es wie zur Begrüßung nicht viele Worte. In Kiel reicht ein fröhliches, das heißt trockenes »Erst mal« und eigentlich heißt es nur »Ersma«, denn zu viele Konsonanten sind doch nur Zeitverschwendung!

Bis auf den Tee ist der Norden kühl, nicht heiß, und aufgewühlt ist nur das Meer, nicht die Gefühle. Daher sage ich nicht, der Norden ist der beste Ort, ich sage nur, von allen vier Himmelsrichtungen ist der Norden eine.

Ersma!

Frühstück für immer

Ich ramme Max die Gabel in die Hand und schnappe mir das Brötchen. Es ist Sesam! Ich liebe Sesam. Da gehört das letzte Sesambrötchen doch wohl mir. Max hält sich seine schmerzende Hand und sieht mich böse an, während ich schnell das Brötchen schmiere. Sein Blick gleitet Richtung Kaffeekanne.

»Streng dich nicht an«, sage ich kauend. »Den Kaffee hat Veronica vorhin leer gemacht, als sie ihn Steffi ins Gesicht gekippt hat. Aber du kannst mal neuen aufsetzen!«

Das war natürlich eine Provokation. Aber ich würde auch echt gerne noch einen Kaffee trinken. Und ich habe keiner unserer Frühstücksregeln gebrochen. Max hätte mir genauso gut körperliche Gewalt antun können, aber wem das Brötchen einmal gehört, dem gehört es.

Wir haben die Regeln an Tag fünf unseres gemeinsamen Frühstücks festgelegt und sie für gut befunden. Mit den Regeln hätten wir auch Martins Tod verhindern können, aber man lernt eben dazu.

Tag eins hatte sehr idyllisch begonnen. Ich weiß noch den Moment, als ich ins Honigbrötchen biss. Ich lächelte Steffi an. Sie lächelte zurück. Wir hatten uns einen wirklich schönen Tag für unser Frühstücksgelage ausgesucht: Die Sonne schien, der Himmel war klar, es war warm, aber nicht heiß. Sogar die Insekten ließen uns größtenteils in Ruhe, obwohl wir draußen saßen. Max bot mir noch etwas Kaffee an.

Was für ein schöner Tag.

Tag 45: Keine Ahnung, wo Max die Panzerfaust herhat. Er verfehlt mich zum Glück, obwohl ich echt zugelegt habe, seit wir hier nur noch sitzen und essen. Nachdem ich ihm zu der gelungenen Überraschung gratuliert habe, trete ich schnell gegen sein Stuhlbein und der Stuhl bricht unter Max zusammen. Nicht nur ich bin hier in der Massephase. Fröhlich greife ich nach dem Ei, um das der Streit ging.

Seit Tag zehn müssen wir uns um die Finanzierung des Frühstücks keine Gedanken machen. Zunächst hatten die Medien diverse gut bezahlte Berichte über uns produziert, dann hat das Guinness-Buch Interesse angemeldet und schließlich starteten Leute ein Crowdfunding für uns, weil sie dachten, wir wollten das menschliche Verhältnis zu Genuss und Arbeit revolutionieren. Das ist zwar Bullshit, da wir einfach nur frühstücken wollen, aber das Geld nehmen wir trotzdem. Außerdem haben unsere Anhänger uns einen Pavillon aufgestellt. Gerade rechtzeitig, bevor es anfing zu regnen. Nur die Insekten hält er leider nicht ab.

Tag 60: Steffi sitzt auf mir und bewegt sich wild, Max gefällt das nicht, aber was kann er tun? Steffi hat Regel fünf geschickt ausgenutzt, dass man den Tisch nur für Toilettenpausen verlassen darf. Als sie vom Klo wiederkam, hat sie sich einfach auf mich draufgesetzt und angefangen, uns beide auszuziehen. Es hat im Grunde echt lange gedauert, bis wir die anderen Gelüste neben Essen wiederentdeckten, dazu war die selbst gemachte Marmelade einfach zu gut. Ich war auch erst skeptisch, ob wir zwei mit unserer Leibesfülle Spaß und Lust haben, aber irgendwie sind die vielen Rundungen auch toll. Veronica hat uns eine Weile angeguckt und dann angefangen, Max zu fixieren. Er starrt allerdings die ganze Zeit nur giftig zu uns rüber. Stimmt ja, er war lange Zeit in Steffi verliebt, ich erinnere mich. »Nicht mein Problem«, denke ich, während ich mir nebenbei ein Franzbrötchen buttere und genüsslich einverleibe. Zum Glück haben unsere Anhänger uns Spezialstühle geschenkt, die so ziemlich alles aushalten. Ich blicke auf Steffis wabernde Massen vor mir und befinde das Leben für gut. Nur die Wespen nerven etwas.

Tag 80: Steffi ist schwanger. Wir feiern mit einer doppelten Portion Croissants. Max versucht, mit Veronica zu flirten, aber die Croissants lenken sie zu sehr ab.

Tag 100: Viele Menschen sind da, um mit uns den einhundertsten Tag unseres Frühstücks zu feiern. Ich kann die Feier leider kaum genießen: Steffi ist durch die Schwangerschaft emotional instabil. Außerdem isst sie mir jetzt immer das ganze Nutella weg. Dafür ist meine Freundschaft zu Max wiedererwacht. Wir waren doch auch mal sehr gute Freunde. Darum wollten wir ja auch zusammen frühstücken. Was ist da nur passiert?
Er fragt, ob er ein halbes Schokobrötchen von mir haben darf. Ich breche ihm mit meinem Ellbogen die Nase.

Tag 130: Die Ärzte, die uns immer wieder untersuchen, stehen vor einem Rätsel: Wieso leben wir noch, obwohl unser Blut zu dreißig Prozent aus Butter besteht? Es wird allerdings immer schwieriger, uns zu untersuchen, weil wir nach ihnen schnappen, wenn sie uns untersuchen. Die Grenze zwischen Essbarem und ... na ... dem anderen ... Gab es etwas anderes? ... wird kleiner.

Tag 348: Steffi bringt unser Häppchen ... ich meine Junges ... ich meine Kind zur Welt. Ich esse die Nachgeburt, Steffi ist sauer, weil sie die haben wollte. Jetzt soll ich ihr noch ein Kind machen, damit sie die nächste haben kann. Max und Veronica haben sich von uns zurückgezogen. Der Tisch musste sowieso wieder vergrößert werden, damit wir daranpassen. Jetzt essen Steffi und ich auf einer, Veronica und Max auf der anderen Seite.

Tag 600: Die Brötchen haben mittlerweile die Größe von Meeresschildkröten. Manchmal essen wir auch direkt Meeresschildkröten. Der Tisch hat bereits die Größe Schleswig-Holsteins, aber wir haben ihn gedreht, damit wir nicht im Wasser sitzen müssen. Steffi und ich essen in Dänemark, Veronica und Max in Niedersachsen. Sie sind neidisch, weil wir Pölser zum Frühstück essen können. Wir sind sauer, weil sie unser Kind gegessen haben.

Tag 2.000: Jeder von uns ist größer als eine Blauwalmutter in den Witzen, die sich Blauwaljugendliche erzählen, und wir füllen zusammen mit unserem Tisch ganz Deutschland aus. Die Vertriebenen nehmen es uns aber nicht übel, da sie uns inzwischen wie Götter verehren. Allerdings gibt es zwei Lager: Die Veromaxen haben sich auf die Seite von Veronica und Max geschlagen. Die Bjeffiner verehren uns. Es kommt immer häufiger zu Spannungen zwischen den Religionen.

Tag 5.000: Ich weiß nicht, wie ich jemals etwas anderes als Menschenopfer frühstücken konnte.

Tag 10.000: Wir umspannen mit unserem Frühstückstisch jetzt ganz Europa. Das Ural-Gebirge drückt mir unangenehm im Rücken, während Veronica und Max auf riesigen schwimmenden Inseln sitzen. Immer wieder kommen Hubschrauber unserer Anhänger, von denen aus sie uns mit Megafonen Gebete zurufen. Außerdem versorgen sie uns mit Essen. Während ich die sechzehnjährige Japanerin, die mir geopfert wurde, mit Nutella bestreiche, denke ich, dass das Leben echt gut ist.

Tag 50.000: Wieso leben wir noch? Unser Frühstück hat vor über 130 Jahren angefangen. Ich kann mich nicht daran erinnern, wann ich das letzte Mal aufs Klo musste, obwohl wir ununterbrochen essen. Vielleicht schaltet die starke Überernährung etwas frei. Einen alten genetischen Code, einst in unsere Spezies gepflanzt, den wir jetzt erweckt haben und der uns zu mehr als Menschen macht.

Aber wenn das so ist, warum ist das erst mit uns passiert und nicht schon bei anderen Menschen mit Übergewicht? Die USA, die uns immer noch die saftigsten Menschenopfer liefern, hätten das doch auch längst entdecken müssen.

Vielleicht muss erst eine gewisse Schwelle überschritten sein. Vielleicht war es auch unsere kompromisslose Entscheidung für dieses endlose Frühstück, diese Hingabe an eine einzelne Aufgabe, die uns zu den Göttern gemacht hat, als die wir jetzt verehrt werden.

Es hat lange gedauert, diese Ideen zu formulieren. Je mehr wir essen, desto größer wird seltsamerweise der Hunger, desto schlechter kann ich mich konzentrieren. Seit einiger Zeit knabbere ich immer etwas an Steffi, aber sie scheint es nicht zu bemerken.

Die Ära der Planeten: Habe aufgehört, die Tage zu zählen. Wir haben die Erde verlassen und dann verspeist. Nun drifte ich Richtung Jupiter und kann es kaum erwarten, seine kalten Gase wie einen Milchkaffee zu schlürfen. Max wollte sich die Sonne vorknöpfen, aber ich glaube, so weit sind wir noch nicht.

Während ich durch das Sonnensystem drifte, knabbere ich immer weiter an Steffi.

Die galaktische Ära: Ich habe Steffi aufgegessen. Der Abstand zwischen den Welten ist so weit, unser Hunger so groß. Außerdem war sie sauer, dass ich die Hälfte ihres Körpers bereits weggeknuspert hatte. Ich wollte mit diesem Schuldgefühl nicht mehr leben. Max ist in der Sonne verglüht, hatte uns Veronica gesagt, bevor sie in die andere Richtung der Milchstraße wegdriftete. Das erklärte dann auch, wieso die Sonne damals kurz so hell aufleuchtete und nach Speck roch.

Die kosmische Ära: Wie lange drifte ich schon durch das All?
Seit wann frühstücke ich? Der Hunger ist immer noch riesig. Ich
spüre, dass etwas in mir zu einem schwarzen Loch kollabieren
will, und ich muss Energie aufwenden, um das zu verhindern.

Immerhin stürzt das Universum jetzt immer schneller auf mich zu, meine Masse scheint sehr anziehend zu wirken. Planeten, Sonnen, kleine schwarze Löcher, mittlerweile esse ich alles.

Wie es Veronica wohl geht?

Ich wünschte, es gäbe noch Nutella.

Die universelle Ära: Es gibt nur noch Veronica, dunkle Materie und mich. Alle normale Materie haben wir verputzt, selbst die schwarzen Löcher. Immerhin gibt es nun keine Insekten mehr, das haben wir der Welt geschenkt.

Die dunkle Materie wird auch bereits knapp. Nachdem Veronica und ich uns erst eine ganze Weile ignoriert haben, fingen wir immer öfter an, uns misstrauisch zu beäugen. Ich spüre, wie das schwarze Loch in mir nagt und versucht, mich zusammenstürzen zu lassen. Es muss sein.

Ich drifte zu Veronica herüber und sie weiß, es ist so weit: sie oder ich.

Gigantische Arme krachen in der Stille des Weltalls gegeneinander. Blitze umwabern uns durch die riesigen Energien, die wir freisetzen. Schnell übergieße ich Veronica mit der Vanillesoße, die ich mir für so eine Gelegenheit aufbewahrt habe.

Als sie ihren gigantischen Mund öffnet, um ihrer Wut Luft zu machen, erzittert die Raumzeit selbst. Wir sind uns absolut ebenbürtig, also deute ich mit schreckgeweiteten Augen hinter sie und rufe: »Was ist das denn? Eine Ablenkung?«

Als sie sich umdreht, zerreißt meine Hand mit einem gewaltigen Schwung ihre Kehle. Entsetzt starrt sie auf das sternendurchsetzte Blut, das die Wunde verlässt. Ich binde mir eine Serviette um und drifte langsam zu ihrem sterbenden Körper hinüber.

Das Ende: Es gibt nichts mehr. Nur noch mich. Mit der restlichen dunklen Materie habe ich Veronica hinuntergespült. Selbst meine göttlichen Sinne können nichts Verwertbares mehr feststellen. Wo sollte es auch sein? Die Raumzeit ist um mich kollabiert, die Reste habe ich gegessen. Ich bin das Universum.

Ohne Nahrung habe ich dem schwarzen Loch in mir nichts mehr entgegenzusetzen.

Was wird geschehen?

Ich werde in mich zusammenstürzen. Alles, was je war und das ich gegessen habe, wird sich in einem Punkt konzentrieren. Wie stabil kann so ein Punkt sein? Wird er explodieren und ein neues Universum erschaffen? Vielleicht diesmal ja eins ohne Insekten. Das wäre schön.

»Das war ein gutes Frühstück«, denke ich, während ich beginne, in mich zusammenzustürzen.

Heimatliebe

Die Situation hatte plötzlich überhandgenommen. Immer mehr Flüchtlingsschwärme kamen nach Europa und eine noch größere Zahl versuchte es, kam aber nicht weit. Sie blieben – wie man so schön sagt – auf der Strecke.

Die Situation war unerträglich. Viele Deutsche fühlten sich durch die Nachrichten von ertrinkenden Menschen seltsam gestört. Es wurde verzweifelt nach Lösungen gesucht, um den heimischen Frieden wiederherzustellen.

Von Krisen und Kriegen gebeutelte Notleidende einfach nach Europa zu lassen, kam nicht infrage, denn ... ähm ... Landfläche ... nee ... Wirtschaft ... nee, die könnte ja einfach mitwachsen ... ähm ... – Na gut, es gab keinen praktischen Grund, aber wie in der Kindererziehung musste man konsequent bleiben, aller Logik und späteren Einsicht zum Trotz: Man hatte einmal gesagt, dass es nicht so leicht sei, Hilfe bedürfende Menschen aufzunehmen, also musste man jetzt halt dabei bleiben.

Was konnte man sonst tun?

Schlepperschiffe versenken oder per Hand einzelne Flüchtlinge im Mittelmeer ertränken? Oder man könnte in die Heimatländer der Flüchtenden gehen und alle Verzweifelten und zur Flucht bereiten Menschen vor Ort erschießen?

Aber das hätte möglicherweise das ein oder andere verweichlichte Europäerherz doch nur wieder berührt. Außerdem hatte man keine Ahnung, wie ein solcher Völkermord geheim zu halten wäre.

Die Türkei wollte partout nicht mit dem nötigen Know-how raus-rücken.

Was blieben für Möglichkeiten?

Wie so oft bot der freie Markt die Lösung für ein Problem, das er erst mit geschaffen hatte: Export.

Export einer Ware, die in den letzten Jahrzehnten in Deutsch-land im Übermaß produziert worden war: rechtsradikales Ge-dankengut.

In den Nachkriegsjahren künstlich verknappt und teilweise vor neugierigen Augen versteckt, war die Produktion in Deutschland in den 90er-Jahren doch wieder rasant angestiegen. Die umfas-sende heimatliche Produktion von patriotischen Gefühlen, Nati-onalstolz und Fremdenfeindlichkeit konnte einem Freudenträ-nen in die Augen treiben. Manch einem einfach nur Tränen.

Davon sollten nun auch endlich die anderen profitieren. Wenn man den Syrern, Libyern und Einwohnern verschiedener afrika-nischer Länder die Angst um das eigene Leben als patriotisches Grundgefühl verkaufen könnte, was wollten sie dann noch hier? Bands wie *Böhse Onkelz*, *Frei.Wild* oder *MaKss Damage* wurden vom Goethe-Institut in die betroffenen Länder geschickt – ohne Rückflug. Ganz Deutschland jubelte, teils aus Stolz auf den Er-folg der Bands, teils einfach aus großer Erleichterung. Videos von Dr. Axel Stoll wurden in die jeweiligen Sprachen übersetzt und in Syrien und Afrika populär gemacht. Die höchst inte-ressanten Thesen des promovierten Naturwissenschaftlers zur physikalischen Realität und der belegbaren Erfindung von UFO-artigen Flugscheiben im Nationalsozialismus waren ganz wun-derbar dazu geeignet, ein menschliches Hirn aufzuweichen und empfänglich für seine ebenfalls höchst interessanten Rassenthe-orien zu machen.

Die Musik mit ihrer oberflächlich schönen Botschaft von Kame-radschaft und Zusammengehörigkeit sprach universell. Ein Ge-fühl von Heimatverbundenheit wurde geschaffen und verstärkt,

Stolz auf das eigene Land geschürt. Als *Onkelz* und die anderen den Weg geebnet hatten, konnte man sogar Bands wie *Landser* und *Stahlgewitter* exportieren.

Dann wurden alte Frauen und vor allem Männer verschifft, um überall im Ausland Stammtische zu gründen und vehement zu erklären, dass es »so was« früher nicht gegeben hätte und dass man »das ja noch mal sagen dürfte«.

Der Bundesadler wurde zu einem weltweit genutzten Symbol der Stärke.

Wie erhofft gingen die Flüchtlingsströme zurück. Lieber im eigenen Land verhungern oder sich erschießen lassen als ins minderwertige Ausland zu gehen. Blut und Boden.

Viel Blut.

Es war das Jahr 2030. Der Kapitalismus, dem sich Deutschland das letzte Jahrhundert so angebiedert hatten, hatte dieses Land fallen gelassen wie eine alte, unansehnlich gewordene Geliebte und sich endgültig Ländern wie China, Indien und wirtschaftsliberalen afrikanischen Staaten zugewandt, die sich mit billigen Löhnen und laschen Arbeitsschutzgesetzen etwas Lippenstift und Rouge aufgetragen hatten. Obwohl Deutschland sich gegenüber allen Einflüssen aus der Fremde abgeschottet hatte, war jegliche Kreativität und Innovation zum Erliegen gekommen.

Stattdessen gab es Straßenkämpfe um die letzten wenigen Ressourcen.

Die Polizei hatte sich schon lange aufgelöst und die privaten Einsatztruppen großer Firmen griffen nur dann ein, wenn ihre Dienstherren oder deren Besitz in direkter Gefahr waren.

Brennende Städte, Hunger, Verzweiflung waren an der Tagesordnung. Es konnte sein, dass einem der eigene Bruder für einen Laib Brot die Kehle durchschnitt.

Für viele blieb nur die Flucht, wenn sie überleben wollten.

So auch ein Pärchen.

Sie hatten ihre allerletzten Ersparnisse und Wertsachen zusammengekratzt und Dinge getan, an die sie nie wieder denken wollten, um den Schlepper bezahlen zu können. Sie wollten auch nicht dran denken, dass sie es noch gut hatten. Sie waren noch stark genug, das Wagnis auf sich zu nehmen, und hatten überhaupt noch etwas, womit sie bezahlen konnten. Den Blick zurück auf die noch Schwächeren, auf Freunde und Verwandte mussten sie sich verbieten.

Zusammen mit ihrem kleinen Bündel, das die Frau fest an sich presste, wurden sie mit Dutzenden anderen in einen Kastenwagen eingepfercht, wo sie ohne Pause und Verpflegung nach Italien gebracht wurden.

Dort ging es auf das Schiff. Den Kahn. Morsches Holz und ein stotternder Motor ließen alle Flüchtlinge an der Seetauglichkeit dieser Nussschale zweifeln. Aber was hatten sie für eine Wahl? Der Mann und die Frau hatten furchtbare Angst, dass sie die Überfahrt nicht überstehen würden. Obwohl das Bündel in den Armen der Frau diese Angst spüren müsste, hielten Wellenbewegung und Erschöpfung es die ganze Überfahrt über ruhig. Schließlich kamen sie zur Überraschung aller mit heiler Haut in Libyen an.

Es gab keine offiziellen Anlaufstellen, es sollte nur ein Zwischenhalt sein, um sich auf eigene Faust in andere Länder durchzuschlagen.

In einer kleinen Gasse, zwischen alten Kartons und Müllcontainern fand das Pärchen mit seinem Bündel Unterschlupf für die Nacht. Ansonsten waren die Straßen ruhig und sehr sauber, den Libyern schien viel an ihrer Heimat zu liegen. Erschöpft schlief das Pärchen ein.

Schwere Schritte weckten sie. Junge Männer mit kahl rasierten Schädeln kamen in die Gasse und gingen energisch auf das Pärchen zu. Der Mann freute sich noch, als er auf ihren Jacken den Bundesadler sah, dieses altvertraute Symbol von Ordnung und Sicherheit aus der alten Heimat. Die Frau, die sich immer mehr um die Vorgänge in der großen weiten Welt gekümmert hatte, sah den Adler auch.

Verzweifelt drückte sie das Bündel in ihren Armen noch fester an sich. Vor Angst kreidebleich geworden, konnte sie noch nicht einmal weinen.

Fraß

Am Rathaus, zu weit vorgerückter Stunde,
nach Ende der Feier nur mit Erschöpfung im Bunde,
sah ich eine Decke Möwen, kaum noch Grund darunter,
die Stadt und ich müde, die Tiere sehr munter.

Ein weiterer Tag der Kieler Woche vorbei;
lukullischer Exzess, hier und da ein Alibi-Boot,
rissen nun Schnäbel die Reste entzwei,
hier etwas Rentier, hier etwas Brot.

Und während ich dastand vor der Möwen Meer,
mit etwas Furcht, doch zumindest Respekt,
erkannte ich in den Tieren Kiels nächtlichen Herrn,
die Möwe, die hastig verschlingt, wie's ihr schmeckt.

Die Frage kam uneingeladen in trübe Gedanken:
Ist dies ein Sinnbild für der Menschen Ende?
Die wir von Schöpfung an stets nach Tod stanken,
fremdes Blut die zweite Haut unserer Hände.

Was bleibt von uns »hoch entwickelten« Affen,
wenn alle Übel, die wir erschaffen –
Gifte, Katastrophen, schreckliche Waffen –,
uns schließlich – verdient – von dieser Welt raffen?

Ein Fraß für die Tiere, die wir noch verschonten,
derweil wir auf großhirniger Dekadenz thronten?
So steigen wir lachend und schreiend ins Grab,
eine Decke aus Möwen sinkt auf uns herab.

Bio ist für mich Abfall

Boah! Immer wieder dieses verdammte Klima! Muss doch auch mal gut sein. Habt ihr nicht langsam genug Schule geschwänzt?

»Oh, wir möchten aber, dass unser Planet noch weiter bewohnbar bleibt!«

Pah! Wisst ihr, wie ich euch nenne? Schwach! Und das auch nur, weil ich versuche, »Pussy« nicht mehr als Schimpfwort zu benutzen, weil es Zeichen von Sexismus und toxischer Maskulinität ist und ich aus einer Pussy geboren wurde. Und etwas, das mich durch sich selber durchpressen kann, ist bestimmt nicht schwach!
Nicht so wie ihr! Schwach seid ihr!

Das ist doch Evolution. Klimakatastrophe? Wusstet ihr, dass im Chinesischen »Klimakatastrophe« und »Herausforderung« genau dasselbe Schriftzeichen sind?
Wusstet ihr nicht? – Weil ihr nicht zur Schule geht!
Und es nicht stimmt!

Dann überleben wir halt nicht alle die Zukunft, die wir uns gerade aktiv versauen. Da muss man doch nicht rumheulen! Wisst ihr, was ich mache, um keine Angst vor der Zukunft zu haben?
Super ungesund leben! – No future, no problems!

Evolution! Überleben des Stärksten! Ein fairer Prozess, bei dem wir auf der nördlichen Halbkugel dieses schwachen Planeten alleine durch unseren Verdienst und unsere Leistung absolut zufällig in günstige Lebensumstände geboren wurden.

Dann sterben halt indigene Völker und durch Kolonialismus in absolute Abhängigkeit getriebene Länder. Hätten halt nicht sterben müssen, als unsere Vorfahren sie erschossen haben. 'n bisschen Mühe muss mensch sich schon mal geben.
Der weiße Mann hat sie doch befreit! Befreit von der Barbarei, befreit von der Verantwortung, von der Selbstbestimmung, befreit von der Freiheit und jetzt halt auch befreit vom Leben!

Leben ist voll anstrengend! Ständig müssen wir uns Gedanken machen, was wir mit unserem Leben tun wollen. Fühlen uns schuldig, weil wir nicht genug aus uns machen. Wie geil ist da denn bitte, einfach nur ständig ums Überleben bangen zu müssen. Da haben wir doch ein Ziel!

Einigen depressiven Leuten würde diese Klarheit, diese Reinheit eines einfachen Ziels helfen, ihren Shizzle auf die Reihe zu kriegen! Und sie würden mich nicht mehr vollheulen. Und mit »sie« meine ich mich selbst.

»Oh nein, ich schiebe alles Wichtige auf, ich kann überhaupt keine Verantwortung übernehmen, mein Leben hat kein Ziel, keine Bedeutung, ich bin nichts wert!«
Bämm!
Ab auf die Südhalbkugel und schön im Plastikmüll ersaufen und die Naturkatastrophen ausbaden, an die Donald Trump und Dieter Nuhr eh nicht glauben wollen. Wenn zwei so intelligente Menschen daran schon nicht glauben, dann weiß ich auch nicht.

Nein, natürlich ist das Quatsch. Natürlich will ich wegen Depressionen nicht in die Epizentren der Klimakatastrophe geschickt werden. Ich will halt nur die Depressiven hinschicken, die mich nerven. Sind doch auch schwach! Zu schwach, mit finanziellem Druck, gesellschaftlichem Druck, Entfremdung, Einsamkeit und der Komplexität eines menschlichen Geistes klarzukommen. Dummköpfe!

Können dann ja versuchen, zurückzukommen. Gibt doch Schleuser, die für horrende Summen hilflose Menschen auf Schlauchbooten ins Mittelmeer setzen. Da ist doch für alle gesorgt! Und die Knochen der Ertrinkenden bilden dann neue Korallenriffe. Passt doch!

Gibt es überhaupt Korallenriffe im Mittelmeer? – Kein Bock zu recherchieren. Ist ja auch egal, dann gibt es ja welche. Echte Korallen halt nicht mehr.

Das ist doch auch das Geile! Wie leicht wird der Biounterricht denn bitte, wenn es weltweit nur noch fünf Tierarten gibt! Dann könnt ihr Schwachen euch auch wieder in die Schule trauen!

Jaha, ergibt alles Sinn, was ich hier schreibe!

Und überhaupt!

Korallen! Was haben die je für uns getan? Korallen produzieren keine Serien für Netflix.

Die kommen aus den USA! Genau wie die geilen Blockbuster-Filme! Marvel, *Star Wars* und was Disney sonst noch so in der Jagd nach dem kulturellen Monopol unserer Welt kauft: alles auf dem Rücken der Armen und der Umwelt produziert. Und wenn dann so was Geiles dabei herumkommt, kann die Klimakatastrophe so schlecht doch nicht sein!

Einmal nachdenken, Leute! Den Kopf nicht nur als Hutständer benutzen! Muss man wissen!

Dann übersäuert halt der Pazifik, wir haben gigantische Wirbelstürme und Sturmfluten! Aber ich will wissen, was nach *Thanos* noch kommen kann!

Wir lassen ja auch nicht alles im Pazifik verkommen. Das Trinkwasser retten wir. Lieber Fiji-Wasser als Fiji-Menschen.

Klar, die können ja versuchen, zu uns zu kommen. Aber wisst ihr, wie ich das nenne, wenn Menschen auswandern, weil sie sonst verhungern? Wirtschaftsflüchtlinge!

Erdoğan hat noch ein paar geile Lager für die. Und wir bauen einen Zaun um Europa. So macht man das. Das sollen auch ruhig unsere Kinder lernen. Ich hab schon immer Steine und Mörtel dabei, um schnell eine Mauer zu bauen, wenn jemand vor mir auf der Straße krank zusammenbricht. Ich will das Elend doch nicht sehen.

Und wehe, der Rettungswagen schleppt den ins Krankenhaus. Auf der nassen, kalten Straße kann ihm oder ihr doch auch geholfen werden. Eine sichere Herkunftsstraße ist das für mich! Wir können doch nicht alle retten. Also lieber niemanden!

Ist doch logisch. Ich nehme Menschen, die sich für die Umwelt engagieren, auch nur ernst, wenn die hundert Prozent ökologisch leben. Greta Thunberg hat 'ne Plastikflasche in der Hand und pupst selber Methan? Heuchlerin!

Kann ich doch nicht ernst nehmen. Wenn dir die Welt so viel bedeutet, dann zählt es nur, wenn du deinen ökologischen Fußabdruck so weit herabsenkst, wie es nur geht.

Und was heißt das? – Selbstmord!

Also! Los!

Freitod for Future.

Klar. Jetzt wollen einige von euch vielleicht einen Weg suchen, dass wir uns nicht umbringen müssen, um die Welt zu retten.

Damit wir die schrecklichste, seltsamste und wunderbarste Lebensform dieses Universums erhalten können.

Uns selbst, die wir das Leben reflektieren können, Mitgefühl empfinden und Schönheit schätzen. Dann sucht doch einen Weg, saubere Energie zu produzieren, keine verwüstete Umwelt in unserem Fährwasser zu hinterlassen, uns vom ständigen Konsum zu entlasten und ein erfülltes Leben für- und miteinander zu finden!

Wisst ihr, wie ich das nenne?

Schwach!

IV. Biologie

Larin

Möwen, lateinisch *Laridae*,
lieben das Fliegen,
Fressen
und die See.

Sie nisten am Boden,
manchmal in Spalten von Gestein,
sie werden etwa dreißig,
dann geh'n sie ein.

Wie alle Vögel
sind sie heut lebende Dinos.
Ihr Leben wirkt frei,
chaotisch und ziellos.

Der Forscher Nicholas Aylward Vigors
hat sie 1825 beschrieben.
Man kann Möwen hassen,
ignorieren oder lieben.

Forscher betrachten es,
wie eine Möwe frisst, vögelt und schwebt.
Sie weiß nichts von Biologie
und trotzdem: Sie lebt.

Buddha sagt, alles Leben ist eins, aber sag das mal den Leuten, die mich so schräg angucken, wenn ich Vogeleier stehle und versuche, sie auszubrüten

Die Frau vom Tierschutzstand in der Innenstadt starrte mich mit offenem Mund an. Ich wollte sie nur zum Nachdenken anregen und hatte gefragt, ob ihre Gruppe denn auch Bandwürmer schützen würde.

Ich steigerte mich dermaßen in meine Ausführungen hinein, dass ich ins Schwärmen geriet vom friedlichen Leben im Enddarm, und bot letztendlich an, dass wir bei einem befreundeten Proktologen kolonoskopisch Bilder von diesem prachtvollen Urlaubsort machen könnten. Wir könnten uns sogar per Photoshop in die Bilder reinsetzen und das bei Instagram teilen.

Urlaub an den Darmzotten. *#vacation #majestic #soulsearching*

Als nach einer langen Pause Farbe in ihr Gesicht zurückkam und sie wieder sprechen konnte, ging sie gar nicht auf meine – wie ich fand – malerischen Ausführungen ein, sondern betonte nur wieder, dass im Grunde ALLES Leben es wert wäre, geschützt zu werden.

»Und was ist mit Jiggern?«, fragte ich.

Sie schaute mich verwirrt an: »Mit ... was?«

»Jigger«, wiederholte ich, »das ist ein afrikanischer Sandfloh, der sich in die Füße von Menschen bohrt, dort lebt und ihr Blut trinkt, bis er seine zweihundert Eier durch dieselbe Öffnung wieder in die Freiheit entlässt. Er führt zu extrem schmerzhaften Geschwüren, und dadurch zu Selbstamputation von Fingern und Zehen, schweren Erkrankungen und sozialer Stigmatisierung.«

Irgendwann in meiner Ausführung war sie schon wieder bleich geworden.

»Schützen Sie auch solche Tiere?«

Sie schnappte nach Luft und rang nach einer Antwort.

»Was ist mit Delfinen?«, fragte ich.

Der Gedanke an diese niedlichen Welpen der Meere entspannte sie sichtlich. Ich ließ ihr einen Moment trügerische Sicherheit.

biofan_fan93

Gefällt 0 Mal

biofan_fan93 Urlaub an den Darmzotten #vacation #majestic #soulsearching

»Sie wissen schon, dass Delfinmännchen Massenvergewaltigungen an ihren Weibchen durchführen und teilweise Menschen sexuell attackieren?«

Wusste sie nicht.

»Außerdem nehmen Delfine gerne mal Haibabys als Ball für eine Art Volleyball oder zerfleischen Schweinswalbabys.«

Erneut stand sie mit leicht offenem Mund da und schon wieder war ihre gesunde Gesichtsfarbe in unbekannte Gefilde verschwunden.

»Stellen Sie sich mal vor«, fuhr ich fort, »ich würde jetzt auf einmal rufen ›Dolphin Powers, activate‹ und wie der Superheld Animal Man bestimmte Tiereigenschaften übernehmen.«

Sie wich einen Schritt zurück.

»Genau. Keine Frau und kein Schweinswal-Baby wäre sicher vor mir. Denken Sie dran«, sagte ich und wandte mich zum Gehen, »wenn Sie das nächste Mal behaupten, Tiere sind die besseren Menschen.«

Nach ein paar Schritten drehte ich mich wieder zum Stand um und rief: »Dolphin Powers, activate!«

Sie wich erneut zurück, stieß an ihren Stand und warf ein paar Flyer zu Boden, aber ich lachte nur keckernd und ging fröhlich nach Hause.

Am nächsten Tag murmelte ich beim Aufstehen »Dolphin Powers, activate!« und musste kichern. Mich an tierischem Verhalten orientieren ... – Warum eigentlich nicht?

Ich öffnete das Fenster, atmete die frische Morgenluft ein, betrachtete das Grün der Bäume und lauschte den Singvögeln. Inspiriert von ihrem fröhlichen Zwitschern über Reviergröße und Partnersuche rief ich ebenfalls in die Welt hinaus: »Verpisst euch! Verpisst euch! Hier wohne ich! Hier wohne ich! Will wer ficken? Ficken? Ficken?«

Das tat gut.

Ich hatte Hunger und ging zur Jagd zum Supermarkt. Ich legte mich ruhig auf den Bauch vor das Geschäft und beobachtete es eine Weile, dann schlug ich zu! Ich sprang in den Laden und riss schnell einen Schokoriegel auf. Vielleicht war es der offensichtliche Diebstahl, vielleicht meine Art zu essen, aber ich erntete feindselige Blicke, die mich dazu brachten, meine Nackenhaare aufzustellen, mich aufzuplustern und zu fauchen. Warum diese Feindseligkeit? Dann hatte ich den Schokoriegel halt erst vollgesabbert und dann verschlungen. Fliegen benutzen ihre Verdauungssäfte auch außerhalb ihres Körpers, das war völlig normal.

Die Leute konnten froh sein, dass ich mich nicht an Schlangen orientierte, dieser eine Hund vor dem Laden hatte lecker ausgesehen, aber ich kriege das Aushaken des Kiefers leider noch nicht so hin.

Ich wischte mir den Mund ab und ging schnell raus.

An der Ampel stand eine schöne junge Frau, ihre Pheromone kitzelten meine Nase. Ich flehmte und wedelte mir heimlich mehr Pheromone von ihrem Hinterteil in die Nase. Ja! Sie war die eine. Es war gar nicht so leicht, innerhalb der Rotphase einen komplizierten Balztanz aufzuführen, aber ich tat mein Bestes. Wie ein Pfau versuchte ich, ihr Augenmerk auf meinen größten, prächtigsten Körperteil zu lenken, der beweist, dass ich gesund und stark bin und gute Nahrung zu mir nehme. Als ich also unter ihren irritierten Blicken mein Hemd hochschob und stolz meinen dicken Bauch präsentierte, schüttelte sie nur lächelnd den Kopf und ging über die jetzt grüne Ampel.

Ich war enttäuscht und beschloss, dass ich einfach höher in der Hierarchie stehen müsste, um von Weibchen wahrgenommen zu werden. Ich musste Alpha-Männchen werden!

Wie als Antwort des Schicksals fiel mein Blick auf ein Plakat, auf dem stand, dass Bundespräsident Steinmeier heute in der Stadt wäre.

Perfekt.

Auf dem Weg fiel mir ein schreiendes Kind in einem Kinderwagen auf und meine Vaterinstinkte sprangen an.

Während ich den Schokoriegel von vorhin hochwürgte und dem Kleinen in den Mund spuckte, war es ganz schön schwer, einen festen Stand zu wahren. In purer Undankbarkeit und aus mir unerklärlichen Gründen schlug die Mutter auf mich ein.

Ich biss sie.

Diese viele Action am Vormittag hatte mich müde gemacht, aber ich wollte jetzt endlich zu Steinmeier und mich in der Hackordnung nach oben bringen. Also rief ich: »Dolphin Powers, activate!« Alle guckten ängstlich, eine Frau rief: »Rettet die Schweinswalbabys!«

Tatsächlich ließ ich nur eine meiner Gehirnhälfte einschlafen, damit ich mich weiterbewegen und doch gleichzeitig ausruhen konnte. Während ich ein Bein nachzog, wunderte ich mich, wie Delfine das genau machen, dass sie dann immer noch beide Körperhälften kontrollieren können.

Doch egal. Kurze Zeit später stand ich vor der Bühne, auf der Frank-Walter sprach. Bevor die Sicherheitsleute reagieren konnten, war ich auf die Bühne gesprungen und biss Steinmeier geübt die Kehle durch. Dann baute ich mich vor den Sicherheitsleuten auf, meine Arme weit ausgestreckt. Durch meine scheinbare Größe eingeschüchtert, ließen sie ihre Waffen fallen und präsentierten mir devot ihren Bauch und ihre Kehle.

Ich baute mich vor dem Auditorium auf und trommelte im Siegesrausch auf meine Brust.

Jetzt bin ich also Präsident von Deutschland und wer sagt, ich lüge, mag offensichtlich keine Tiere.

Wasser

Wasser! Man kann nicht mit ihm, man kann nicht ohne es, Hunde trinken es aus der Toilette, für manche Menschen kann ich das nicht immer ausschließen.

Wir brauchen es und diese Abhängigkeit macht mich rasend. Wie oft habe ich das Wasser schon angeschrien, verprügelt, mit dem Messer drauf eingestochen, mit ihm argumentiert oder versucht, Versöhnungssex zu haben, seine Mutter beleidigt und es aggressiv angeschwiegen. Ich kann nicht gewinnen!

Ich brauche es, um zu leben, wie ich mit einem einwöchigen Selbstversuch vor fünfzehn Jahren noch mal bestätigt habe. Gut, man kann jetzt sagen, manche Sachen muss man nicht überprüfen. Aber das sagen die Leute, die auch der Mützen- und Schalindustrie glauben, dass es »Kälte« gibt, und nicht wissen, dass eine Erkältung nur die gesunde Art des Körpers ist, den Winter zu feiern.

Also überprüfe ich alles. Ich weiß zum Beispiel bis heute nicht sicher, ob der Herd wirklich jeden Tag aufs Neue heiß werden kann, und teste das also jeden Morgen. Ja, das tut weh, aber so habe ich selbst gesammelte Daten und mittlerweile auch keine Fingerabdrücke mehr.

Der Selbstversuch vor fünfzehn Jahren ging darum, eine Woche lang kein Wasser zu trinken. Nur Bier und Kaffee. Beides schon morgens. Ich musste den Versuch vorzeitig abbrechen, weil ich nach ein paar Tagen unendliche Kopfschmerzen bekommen habe und es aus der Toilette wieder plätschern sollte, nicht klackern!

Also, ich brauche Wasser.

Ich gehe davon aus, andere Menschen auch. Das wollte ich auch in Versuchen klären, aber das ist ethisch nicht vertretbar und mein Keller nicht schalldicht.

Alle brauchen Wasser. Außer vielleicht die Hexe von Oz.

Und es gibt Wasser auf der Welt, man denke nur an … Wasser!

Ein Freund war überzeugt, Wasser könne man »Soda« nennen, weil es einfach »so da« ist.

Wir sagen jetzt also: »Okay, gucken wir, dass jede und jeder genug zu trinken hat und nicht sterben muss, es ist ja so da.«

Oder wir sagen wie Nestlé: »Nee, wir müssen das verkaufen! Menschen haben Geld erfunden und zu dem einzigen Maß von Wert gemacht, dann muss auch alles einen Preis haben. Das ist doch wohl logisch und für diese Logik bekomme ich jetzt fünf Euro. Außerdem wird das Geld sonst traurig, wenn es keiner benutzt. Oder es fängt an, irgendwelchen Quatsch zu machen. Mit Geld ist alles möglich.«

Jetzt sagen wiederum andere: »Ist doch scheiße, Wasser lokal anderen wegzunehmen, nur weil man damit Geld machen kann«, und der ungezügelte Kapitalismus sagt dann: »Ey, weißt du eigentlich, wer ich bin?«

Und wie bei so vielem im Leben können wir uns entscheiden, Arschlöcher zu sein, keine Arschlöcher zu sein oder das Problem nicht zu verstehen oder zu komplex zu finden, so wie Christian Lindner die Klimakatastrophe.

Wir können drüber nachdenken, wie die Ressourcen auf dieser Welt verteilt sein sollten, und wenn wir zu gierig werden, uns bewusst machen, dass wir das ganze Erdöl eh nicht im Kleiderschrank unterbringen können, ohne dass die Klamotten dreckig werden.

Alle sollen Wasser haben! Wasser ist doch geil! Ich hatte einige meiner allerbesten Schwimm- und Trinkerfahrungen mit Wasser!

Wasser kann auch energetisiert werden, so können Heilprakti-
ker es benutzen. Damit hat Wasser ganz vielen Dingen etwas
voraus, zum Beispiel medizinischen Fakten.

Man kann mit Wasser spielen. Dann macht man Wasserbomben
und hat vielleicht ein schlechtes Gewissen wegen Ländern, die
nicht mit Wasser spielen können. Aber die haben dafür ganz oft
richtige Bomben.

Wie bei vielen Problemen auf unserer Welt können wir uns auch
beim Thema Wasserknappheit fragen, wie unsere Generation
von der Nachwelt betrachtet werden soll. Wie wir uns selbst mal
sehen möchten.

Wundert euch also nicht, wenn ihr mich ab und zu im Batman-
Kostüm rumlaufen seht, so möchte ich mich nämlich sehen.
Aber erzählt das meinen Eltern nicht. Ich habe auch schon Ver-
brechen verhindert, aber meistens nur, indem ich mich selbst
vom Stehlen abgehalten habe.

Außer mir in einem schlecht sitzenden Kostüm und den wun-
den Stellen, an denen es zu eng ist, gibt es noch viel mehr Wan-
del in der Welt. So viel Bewusstsein erwacht bereits: Millionen
Projekte, Gruppen, Milliarden Menschen, die sich fragen, wie
wir leben wollen und was wir tun können.

Und was wären alle diese Menschen ohne Wasser?

Tot! Und dreckig dazu. Ich schließe meine Beweisführung.

Fuchs und Bär

Ein Fuchs lag unter einem Baum,
am Sterben fast, am Leben kaum,
da sah er nicht weit weg 'nen Bär'
und dachte sich: »Den ruf ich her!«

Der Bär, nett und ganz zottelig,
ging hin zum Fuchs und sah ihn an.
Der Fuchs sprach: »Ach, ich Trottel, ich,
lieg' hilflos unter diesem Stamm.

Ach Bär, du bist doch stark und groß,
befrei mich von dem Baum, ach komm!«
Bär nahm den Baum ganz leicht, nix los,
der Fuchs war frei und leicht benomm'n.

»Ach Bär, hab für die nette Hilfe Dank,
mein Leben hast du mir geschenkt,
doch jetzt bin ich versehrt und krank,
noch eine Bitte, wenn es dich nicht kränkt.

Ich hab da diesen Schrank im Bau,
echt antik und wertvoll, wow.
Den müsste ich ein Stück verrücken,
doch hatte ich schon vorher Rücken.«

Der Bär half dann auch mit dem Schrank,
dem Sessel und der Wohnlandschaft.
Erneut gab es vom Fuchs viel Dank
und ein »Für heute haben wir's geschafft!«.

Ja! Für heute!

Aus einer Bitte wurden viele.
Der Bär tat alles, was erbeten.
Er half dem Fuchs im großen Stile
beim Schuppen-Bau'n und Garten-Jäten.

An Arbeit hatte Fuchs genug
und hat dem Bär'n auch was gegeben,
vom Essen, was der für ihn trug.
Nicht viel, grad genug zum Leben.

Der Bär wurd' schwächer mit der Zeit,
sah kaum noch seine Frau und Kinder.
Dem Fuchs tat das nicht wirklich leid.
Der Fuchs, er war ein Bärenschinder.

Und als sie einst mal wieder gingen,
der Bär trug Fuchsens Waschmaschine,
ganz ausgezehrt, die Lefzen hingen,
da sprach er mit erschöpfter Miene:

»Bitte, Fuchs, ich bin so müde,
etwas Pause wär jetzt schön.«
Sprach Fuchs: »Ach komm, alles Lüge!
Tu nicht so, brav weitergeh'n!«

Ein'n Schritt noch schaffte unser Bär,
dann brach ganz kraftlos er zu Boden.
Der Fuchs sprach: »Ja, ich werd nicht mehr!«
und trat den Bär'n mit seinen Pfoten.

Der Bär rollte 'nen Hang hinab,
er war ja kraftlos wie 'ne Leiche.
So rollte er und rollte er
und rollte gegen eine Eiche.

Die alte Eiche fiel vom Stoß,
fiel in die Richtung unseres Fuchs',
begrub ihn, sein Geschrei war groß.
Die Eiche machte keinen Mucks.

Er lag da, trotz viel Zerr'n und Winden,
und spürte sein Fuchsleben schwinden.
Bevor er starb, im Morgenrot,
rief er den Bär'n, doch der war tot.

Ein Baum wird wahr

Bäume!

Klar, wie die meisten von uns habe ich Bäume früher gehasst und hatte Angst vor ihnen ...

Ich habe Biologie studiert und da lernt man schnell: Wenn Grünflächen nicht regelmäßig überschwemmt, abgefressen oder gemäht werden, kommen sie früher oder später und nehmen allem anderen den Platz weg: die Bäume! Überall wären die, wenn wir nix unternehmen! Wo soll man denn da noch seinen SUV parken?

Im Studium wurde ich auch ständig mit diesen Scheißdingern konfrontiert. Da studiert man mal so ein bisschen Biologie auf Diplom und auf einmal musst du dich mit denen auskennen!
»Ich denke, das ist eine Eiche.«
»Das ist eine Laterne, Herr Katzur. Sind Sie ganz sicher, dass Sie das Richtige studieren?«

Was haben Bäume denn je für uns getan?
Nix!
Na gut, das Aquädukt, Kanalisation und Straßen.
Ach nee, das waren die Römer.
Nix davon haben wir von Bäumen! Bäume sind nutzlos!

Buchen sollst du suchen? Stell dich doch mal bei 'nem Gewitter unter eine Buche und warte, was passiert! Mein Opa hat das gemacht und so schnell kannst du gar nicht »dummes und tödliches Sprichwort« sagen, wie er dann tot war. Nur sein Herzschrittmacher ging dann noch.
Sogar noch richtig lange und richtig heftig.

Nix können Bäume. Gegen die gewinne ja sogar ich im Schach! Knapp, aber ich hab gewonnen.

Seid ihr schon mal auf Walnüssen ausgerutscht? Auf dieser eklig braun-schwarzen Haut um die Schale? Bah! Und überhaupt! Walnüsse! Zu geizig für ein zweites »l«, aber wollen nicht »Wahlnüsse« genannt werden!
Walnüsse! Hör mir auf!

Und Holz! Ist doch ein Kackwerkstoff. Versucht mal, 'nen Einkaufsbeutel zu schnitzen. Und für Gebäude? Wir hier in Kiel wissen, wie unendlich schön Beton und roter Backstein sind. Beton und roter Backstein. Beton und roter Backstein. Nichts anderes als Beton und roter Backstein. Beton und roter Backstein. Beton und roter Backstein. Mehr braucht man doch nicht.

Beton und roter Backstein. Überall. Beton und roter Backstein. Backstein. Beton. Backstein. Beton. Überall!

Beim Verbrennen von Holz entsteht CO_2, das ist schlecht für die Umwelt. Dann doch lieber weiter Autoreifen, wie es in meiner Familie Tradition ist.

Scheißbäume! Donnern uns ihre Pollen ins Gesicht, ohne auf Zustimmung zu warten. Hashtag Treetoo.

Das Einzige, für das sie gut sind, ist ein Spiel, das mir ein Freund gezeigt hat: Bäume-Schubsen. Ab in den Wald, morsche, schwache Bäume suchen und ... schubsen. Also so lange an ihnen rütteln, bis sie umfallen. Fühlt sich geil an. Und weil die ganze Zeit riesige Äste herunterfallen, auf coole Art gefährlich.

Bäume? Bleib mir wech damit!
Das war meine Meinung zu Bäumen: Eichen sollst du weichen, Weiden sollst du meiden, Buchen verfluchen und Ahorn ist ... scheiße.

Aber dann habe ich sie kennengelernt. Sie hieß Gerlinde und durch sie mag ich Bäume. Sie war groß und gut gebaut. An die fünf Meter und ... ja, es war einfach 'ne Linde, die ich gut fand. Letztendlich war ich ihr zu passiv in der Beziehung, aber sie hat meine Einstellung nachhaltig verändert.

Ich weiß, es ist kontrovers, aber mittlerweile glaube ich, Bäume haben auch Vorteile: Zum Beispiel kann ich das Wort »Eichel« nicht sagen, ohne zu kichern.

Eichel. Hihi.

Ohne Bäume – wo sollten verliebte Pärchen denn sonst Herzen reinritzen? Kühe laufen weg!

Nichts kann man so gut auf seine Feind*innen fallen lassen wie Bäume, mit nichts als einem Biber als Werkzeug.

Ist euch eigentlich aufgefallen, dass ich »Feind*innen« gegendert habe? Ich bin nämlich so krasser Feminist, dass ich mich auch mit Frauen anlege! Nice!

Aber zurück zu den Vorteilen von Bäumen. Wo soll ich als erwachsener Mann mit pubertärem Humor denn sonst draufzeigen als auf eine tausendjährige Eiche und sagen: »Meiner ist größer!«?

Eichel. Hihi.

Wo soll man Häuser hinbauen, wenn nicht auf Bäume?
Gut ... auf Boden. Aber halt auch auf Bäume!

Außerdem kann man Baumhöhlen als Affenfallen benutzen: Baumhöhle in der richtigen Größe finden, was Leckeres zu essen rein, Affe kommt, greift das Essen, kommt mit der geschlossenen Faust aber nicht mehr raus. Und dann kann man ihm Hosenträger anziehen, ihn Zigarre rauchen und auf einem Dreirad fahren lassen. Da haben alle was von!
Außer vielleicht der Affe, wenn er da keinen Bock drauf hat oder später Mundhöhlenkrebs und schlechte Knie bekommt.
Diese Affenfallen verdanken wir nur Bäumen und sie funktionieren! Das weiß ich, weil ich selbst schon einmal eine Woche vor so einer Falle hing!

Natürlich kann man es mit der Begeisterung für Bäume auch übertreiben:
Ketten dich an einen Baum und alle Ökos finden dich cool. Aber mach das mit rosa Plüschhandschellen, bring Gleitgel mit und sei nackt und auf einmal bist DU der Weirdo!
Aber selbst wenn man nicht so weit geht, sind Bäume cool, schön und erotisch.
Außerdem erzeugen sie Sauerstoff und können uns gegen die Klimakatastrophe helfen und die Erde für uns bewohnbar erhalten, aber für solche Nebensächlichkeiten habe ich jetzt keine Zeit mehr.

Ein kleiner Trost

Es gibt den Menschen in seiner heutigen Form seit etwa 160.000 Jahren. Da wir bisher keine Spuren von anderem Bewusstsein entdeckt haben – zumindest keine, die wir als solche deuten können –, sind wir die Ersten, die die Welt kategorisieren können und sich ihrer eigenen Existenz und ihrer Grenzen bewusst sind.

Es ist daher nur zu verständlich, dass wir nicht immer wissen, wohin mit uns oder wie wir uns richtig verhalten. Wie auch, wenn wir quasi *on the fly* sogar selbst festlegen müssen, was richtig und was falsch ist.

Es ist auch verständlich, dass wir unsere Herkunft nicht verleugnen können – unsere Herkunft als simple Reiz-Reaktions-Organismen mit emotionalem Erleben, das den Fortbestand der Art sichert. Dass wir uns gegenseitig verletzen, weil wir selbst verletzt wurden, dass wir alten Mustern im Verhalten folgen, die uns schon längst mehr schaden als nützen.

Wenn du also das nächste Mal traurig bist, weil sich jemand komisch verhalten hat oder du aus Reflex jemanden verletzt hast oder dich anders verhalten hast, als du eigentlich wolltest, denk dran, dass wir die Ersten sind und es ganz schön anstrengend und schwierig ist, ohne liebevolle Orientierung und Anleitung von außen immer das Beste aus den eigenen Möglichkeiten zu machen. Darum verzeihe ich dir und du solltest dir auch verzeihen.

Aber: Wenn du noch einmal meine Schokolade aufisst, ohne neue zu besorgen, dann bring ich dich um!

NN der Tausendsassa und Fall »ten«

Der Mann starrte mich erwartungsvoll an. »Bitte ... bitte ... nun helfen Sie mir doch!«

Er lag vor mir auf dem Bett, offensichtlich hatte er große Schmerzen. Er war alt geworden, sehr alt. Ich konnte seinen Blick nicht länger ertragen. Langsam, beinahe bedächtig griff ich das unbenutzte Kissen neben seinem Kopf und begann, es sanft auf sein Gesicht zu drücken.

Sofort schlug er meine Hände weg. »Was soll das?«

»Aber ich dachte ...«

»Was? Was dachten Sie?«

»Na ja, ich wollte Ihnen helfen.«

»Was soll das denn für eine Hilfe sein? Mich umbringen? Sie sollen jetzt endlich diesen verdammten Fall lösen, mit dem ich Sie beauftragt habe. Schnell, ich habe nicht mehr viel Zeit! Oder machen Sie das ...«, sein Blick ging zum Kissen, das ich immer noch in der Hand hielt, ich legte es schnell auf den Boden, »... oder machen Sie das mit allen Klienten, deren Fälle Sie nicht lösen können?«

»Was? Nein! Also ... fast nie! Ich hatte Sie missverstanden. Wollen Sie wirklich, dass ich mich jetzt noch mit dem Fall beschäftige? Soll ich nicht lieber bei Ihnen bleiben?«

Sein Blick glitt erneut zum Kissen.

»Okay, okay, ich geh ja schon!«

Selten hatte mich ein Fall über so viele Jahre begleitet, wie es dieser getan hatte.

Ich wusste immer noch nicht, wie Herr Anicca mich damals gefunden hatte. Es war mitten in der Nacht, ich war gerade bei den Müllcontainern eines Supermarktes und löste den Fall des »Hungrigen Privatdetektivs«, als ein Mann ins Licht meiner Taschenlampe trat und mich ansprach. Dank meines Trainings und meiner geschulten Reflexe kreischte ich nur ganz kurz wie ein kleines Kind und weinte auch nur ein bisschen.

Nachdem wir uns beruhigt hatten, stellte der Mann sich als Sid Anicca vor und lud mich in einen nahe gelegenen Imbiss ein, um mir sein Anliegen zu schildern.

Auf dem Weg betrachtete ich ihn im Licht der Straßenlaternen. Er war eine eindrucksvolle Erscheinung. Ein äußerst schicker Anzug mit teuren Manschettenknöpfen und eine geschmackvolle Uhr sprachen von Wohlstand und Stil. Am meisten fiel aber sein Gesicht auf. Er hatte die Haut eines zwanzigjährigen Nacktmulls. Im Imbiss angekommen, konnte ich nicht aufhören, auf dieses bizarre, faltenreiche Gesicht zu starren. Nur mit äußerster Willenskraft konnte ich mich davon abhalten, die Hautwülste und -lappen zu berühren.

Da sprach der Mann: »Bitte hören Sie auf, mein Gesicht anzufassen!«

Anscheinend hatte ich meine Willenskraft doch überschätzt.

»Na gut«, gab ich nach. Ein paar letzte Male strich ich über die raue Haut, spielte kurz an seinem ebenfalls runzligen Ohrläppchen und ließ dann ab: »Was kann ich für Sie tun?«

»Sie haben mein Problem quasi schon erkannt, NN.«

»Woher kennen Sie meinen Namen?«

»Ich habe meine Quellen. Außerdem haben Sie sich auf dem Weg hierher vorgestellt.«

»Sie sind gut.«

»Sie hoffentlich auch.«

»Finden wir es heraus!« Schnell versuchte ich, aus Zahnstochern ein Modell des Eiffelturms zu bauen, um meine detektivischen

Fähigkeiten unter Beweis zu stellen. Leider verletzte ich bei dem Versuch mich selbst und einen Gast am Nebentisch, den mein neuer Auftraggeber aber mit einer spendierten Currywurst ruhigstellen konnte.

»NN, Sie sind der Einzige, der mir noch helfen kann. Ich werde bestohlen. Finden Sie den Dieb und bringen Sie mir zurück, was mir gehört.«

Ich blickte ertappt und wollte Herrn Anicca gerade seine Manschettenknöpfe wiedergeben, als er weitersprach: »Meine Jugend! Jemand stiehlt mir meine Jugend. Jeden Tag sehe ich älter aus. Jeden Tag schwindet etwas von meinem Elan, meiner Frische und meiner kindlichen Unschuld. Es ist schon so viel weg. Sie sehen ja die Falten in meinem Gesicht ...«

Ich wollte gerade die Hand heben, um die Falten erneut zu berühren, aber er blickte mich böse an.

»Lassen Sie das! Finden Sie einfach heraus, wer mir meine Jugend stiehlt! Es soll Ihr Schaden nicht sein.« Mit diesen Worten schob mir Herr Anicca ein Bündel Geldscheine und eine Visitenkarte über den Tisch zu. Der Fall hatte begonnen.

Genau genommen hatte der Fall aber noch nicht begonnen.

Erstens musste ich meine Pommes noch aufessen. Dann musste ich noch neun andere Fälle lösen. Es war November, ich hatte dieses Jahr bereits zwei Fälle gelöst. Na ja, einen. Fast. Dazu hatte ich kleinere Ladendiebstähle begangen und mich selbst entlarvt, aber ohne es zur Anzeige zu bringen. Ich hatte Mitleid mit dem Täter gehabt.

So war der Fall von Herrn Anicca und seinem verrunzelten Gesicht jetzt Fall zehn in diesem Jahr. Auf Englisch: ten. Fall ten.

Meine Liebe für Wortspiele hatte bereits wertvolle Zeit gekostet, also machte ich mich schnell an die Recherche. Der äußere Aspekt des Alterns war bei Herrn Anicca offensichtlich, also besuchte ich einen Schönheitschirurgen, um mehr zu erfahren.

Prof. Visage fing erst an zu weinen, als er mich sah, und meinte, dass auch seiner Kunst Grenzen gesetzt seien, und war dann umso erleichterter, als ich ihm erklärte, worum es ging.

»Ich dachte schon ... Hätten Sie mich um Hilfe gebeten, hätte ich Ihnen nur den Kopf abtrennen können, um meinem Sinn für Ästhetik gerecht zu werden.«

Ich musste schmunzeln: »Ah, ein Arzt mit Sinn für Humor. Das gefällt mir.«

Prof. Visage betrachtete mich ernst und steckte das Skalpell in seiner Hand wieder weg.

Wir spazierten etwas durch seine Klinik und Prof. Visage räumte ein, dass er auch nicht wisse, woher Falten und andere Alterserscheinungen genau kämen. Er sprach erst von freien Radikalen und sich verkürzenden DNA-Strängen, aber auf mein Nachbohren gab er zu, dass das erfundene Begriffe der Wissenschaft seien, weil kein Forscher eingestehen wolle, dass man so etwas Banales wie das Altern noch nicht verstanden habe.

»Aber das ist ja auch ganz egal«, schloss er seinen Vortrag. »Wir haben gelernt, der Natur ein Schnippchen zu schlagen und die Symptome des Alterns zu besiegen. Sehen Sie hier!«

Er deutete auf eine seiner jungen, hübschen Helferinnen.

»Diese Dame ist 56 Jahre alt, aber sie sieht aus wie zwanzig.«

Als die Arzthelferin bemerkte, dass ich sie interessiert beobachtete, raunte sie mir etwas zu. Es war schwer zu verstehen, weil sich ihr lächelnder Mund dabei keinen Millimeter bewegte, aber es klang wie: »Töten Sie mich!«

Prof. Visage sprach von einem gelungenen Scherz und legte seiner Helferin die Hand auf die Schulter. Ich rätselte gerade noch, ob ich gerade wirklich eine Spritze in seiner Hand erblickt hatte, da bemerkte ich, wie ein trübes Leuchten in den Augen der Arzthelferin erschien und sie mir, immer noch sehr gepresst, versicherte, wie schön es sei, für Prof. Visage zu arbeiten und wie glücklich sie doch sei. Dann biss sie sich ihren eigenen Zeigefinger ab und gab einen Laut von sich, der an ein manisches Lachen erinnerte.

Prof. Visage lächelte, murmelte etwas von einer falschen Dosis und komplimentierte mich schnell zur Tür hinaus, während seine Helferin mit ihrem blutigen Fingerstumpf »Ich liebe meine Arbeit« an die Wand schrieb.

Im Hinausgehen freute ich mich noch für die Helferin, dass sie so viel Zufriedenheit in ihrem Beruf gefunden hatte. Dann war ich mit den Gedanken aber sogleich wieder bei meinem Fall.

Dann wieder beim jungen, straffen Körper der Arzthelferin.

Dann wieder beim Fall.

Wohin könnte die Jugend von Herrn Anicca nur verschwinden?

Ich beschloss, in einen Kindergarten zu gehen.

Nach einem halben Tag im Landesparlament bemerkte ich meinen Irrtum und ging in einen richtigen Kindergarten.

Die Erzieherin verstand erst nicht, was ich wollte. Sie dachte, ich wolle ein Kind abholen. Das Kind, das sie mir in die Hand drücken wollte, gefiel mir nicht, also kam ich zur Sache: »Woher nehmen Kinder ihre Energie? Könnte es sein, dass Kinder die Jugend und den Elan von anderen Menschen abziehen? So wie Vampire?«

Die Erzieherin seufzte: »Es wäre gut, wenn Kinder daher ihre Energie bekämen. Dann könnte man diesen Fluss vielleicht stoppen oder umlenken. Was wir derzeit an Beruhigungsmitteln verbrauchen, passt auf keine Kuhhaut. Wortwörtlich. Ich muss mittlerweile immer mit zwei Kuhhäuten in die Apotheke, um daraus die Pillenbündel zu schnüren. Aber nein. Kinder haben diese Energie einfach. Außerdem ändert sich die Anzahl von Kindern im Verhältnis zu Erwachsenen ja immer, wie sollte das dann gehen?«

Ihre Logik war bestechend. Ich hasste es, wenn andere Menschen schlauer waren als ich. Aus Rache nahm ich schnell einen Rucksack, der an einem Haken mit einem Marienkäfer-Schild hing, und rannte hinaus. Die Beute war mager, die Regensachen passten mir trotz größter Anstrengungen leider überhaupt nicht. Es blieb mir nur noch eine Idee, wie ich den Fall lösen konnte, so abwegig sie auch war. Ich hatte bereits über Energien und dergleichen nachgedacht. Also besuchte ich einen befreundeten Schamanen in seinem Tempel, einer kleinen Zweizimmerwohnung in einem Sozialbau.

Ich bin mir nicht sicher, ob er mich verstand, jedenfalls drückte er mir einen seltsam riechenden Tee in die Hand, nahm sich auch einen und setzte sich im Schneidersitz auf den Boden. Ächzend setzte ich mich dazu. Der Schamane sprach von einer Reise und hieß mich, den Tee zu trinken.

Ich nahm einen kräftigen Schluck und wartete. Langsam verschwamm die Welt an den Rändern meines Blickfeldes. Der Schamane raunte mir noch zu: »Suche das Leben selbst!«, dann verschwand die Welt um mich herum.

Ich war auf einmal in einem Raum, der mit einer Art Leuchtgitter ausgelegt zu sein schien. Überall huschten kleine Lichter umher. Ich stand auf und versuchte, mich zu orientieren. Meine Bewegungen zogen Nachbilder hinter sich her. Wenn ich meinen Arm hob, folgte ihm eine Spur von verschwommenen Armen. Ich musste mir unbedingt mehr von diesem Tee geben lassen.

Die Suche nach dem Leben war leicht. Ich kannte das Leben gut. Es hatte mich ja schon oft gef... es hatte mir schon oft übel mitgespielt. Als ich es gefunden hatte, war das Leben leicht zu erkennen. Es pulsierte, veränderte immer wieder seine Form, sah aus wie ein Tier, dann wieder wie eine Pflanze. Erschien als Haufen Bakterien, dann als Schwarm Vögel.

Mich konnte es nicht beeindrucken. Ich hatte einen Auftrag.

»So, Leben ...«, sagte ich.

»Hallo, NN«, sagte das Leben. »Schön dich zu sehen.«

»Spar dir deine Schmeicheleien, Leben. Ich habe ein paar Fragen an dich.«

»Jaaa?«

»Warum altert Herr Anicca? Warum kannst du nicht ewig so weitergehen?«

»Aber ich bin doch ewig. Von Geburt bis zum Tod bin ich ewig.«

»Aber das ist nicht ewig. Warum endest du für den Einzelnen?«

»Aber NN. Verstehst du denn nicht? Es musste sein! Ihr – meine Kinder – konntet euch erst richtig entwickeln, richtig wachsen, als es das Ende gab. Erst durch Sex, die Vermischung eurer Eigenschaften, konntet ihr noch schneller wachsen, noch mehr Varianten durchprobieren, so bunt werden, wie ihr heute seid. Es brachte euch den Tod. Aber der Tod macht das, was ist, doch umso wertvoller. Er gibt euch eine Ziellinie. Alles, was ihr bis dahin erlebt, das gehört euch.«

»Was soll das heißen?«, fragte ich. Mir gefiel nicht, dass das Leben sein eigenes Versagen – den Tod – in so ein gutes Licht rücken wollte.

Das Leben sprach weiter: »Verstehst du nicht? Das war das Größte, was ich euch geben konnte. Ich schenkte euch die Sterblichkeit!«

»Aber das ist ein Scheißgeschenk!«, entfuhr es mir wütend.

»Von der Rückgabe ausgeschlossen«, grinste das Leben und ging dann einfach weiter.

Eine Weile später kam ich wieder im Wohnzimmer des Schamanen zu mir.

Ich verabschiedete mich verwirrt und ging nach Hause. Dort stellte ich fest, dass der Schamane mir mit Edding einen Schnurrbart gemalt hatte. Dieser Schlingel. Ich überlegte kurz, sein Haus anzuzünden. Vielleicht würde das Leben das ja auch als Geschenk ansehen.

Als ich aber mit Benzinkanister und Feuerzeug vor dem Hochhaus stand, ging mir das Gespräch mit dem Leben nicht aus dem Sinn. Sollte es wirklich das sein, mit dem ich meine kurze Zeit auf Erden füllen wollte? Brandstiftung?

Ein Teil von mir schrie begeistert »Ja!«, aber ich war nicht überzeugt. Ich ging hoch in die Wohnung des Schamanen, um mir mehr von dem Tee zu holen. Ich wollte über meinen Sinn im Leben meditieren. Außerdem mochte ich Rauschzustände.

Zu Hause kochte ich mir den Tee. Was danach geschah, weiß ich nicht mehr genau, aber ich kam auf der Insel Goa in Indien wieder zu mir. Erneut war ich bemalt. Mit roter und blauer Farbe. Und Braun. Viel Braun. Ich hoffte sehr, dass es wirklich Farbe war. Außer einem Lendenschurz hatte ich nichts an und auch nichts bei mir. Alle Leute wichen vor mir zurück. Ich fragte mich, was wohl geschehen war.

Es war schwierig, ohne Geld und Pass meine Rückreise nach Deutschland zu organisieren, aber ich wäre nicht der Tausendsassa, wenn ich nicht auch das hinbekommen könnte. Außerdem kann ich wirklich sehr herzerweichend weinen.

Irgendwann stellte ich fest, dass anscheinend einige Jahre vergangen waren. Ich hoffe, ich hatte wenigstens Spaß. Die Krankheiten, die der Arzt in Deutschland mir diagnostizierte, ließen aber darauf schließen.

Zu Hause fand ich einen Brief in meinem Briefkasten. Herr Anicca liege im Sterben und wollte mich dringend sprechen.

Und so fand ich mich neben dem Bett eines Sterbenden wieder, der mich gerade aus seinem Zimmer schmeißen wollte.

Ich wollte auch gerade gehen, da hatte ich noch eine letzte Idee und ich drehte mich zu Herrn Anicca um.

»Ich hab's«, sagte ich. »Vielleicht beklaut Sie ja der Weihnachtsmann!«

Herr Anicca war sichtlich verwirrt: »Hä? Bringt der nicht Geschenke?«

»Ha!« sagte ich, »Natürlich! Aber irgendwo her muss das Zeug ja kommen! Vielleicht stiehlt Ihnen der Weihnachtsmann Ihre Jugend.«

Herr Anicca hielt nichts von meiner Idee: »Was für ein Schwachsinn! Sie waren meine letzte Hoffnung, eine Antwort auf meine

Frage zu bekommen. Jetzt werde ich sterben, ohne zu wissen, warum!«

Er drückte seine Hände ins Gesicht, sodass ich ihn nur noch schlecht verstehen konnte.

Er lamentierte über sein Schicksal, haderte mit sich und ging mit sich und seinen Entscheidungen hart ins Gericht. Je mehr er sich so über sein Leben den Kopf zerbrach, desto stärker fuhrwerkten seine Hände in seinem Gesicht herum, rieben über die Haut und drückten und knautschten.

»Machen Sie das immer?«

Er fuhr erschreckt hoch, hatte meine Anwesenheit wohl vergessen. Ich überlegte kurz, ob ich ihn in seiner Abgelenktheit mit dem Kissen von seinen Gedanken hätte erlösen sollen. Aber ich hatte den Fall gelöst und wollte es Herrn Anicca nicht vorenthalten. Ich hatte ihn jetzt auch neugierig gemacht: »Mache ich *was* immer?«

»Grübeln Sie nachts im Bett und fahren sich dabei durchs Gesicht?«

»Ja, schon. Es gibt so viel, was mir am Ende eines Tages durch den Kopf geht. So viel zu bedenken, so viele Entscheidungen zu hinterfragen, so viel ...« Er stutzte. Er hatte verstanden, worauf ich hinauswollte. »Sie meinen ...«

»Ganz genau. Mit ihren allabendlichen Grübeleien haben Sie sich selbst alt gemacht. Sie pressen sich im Gesicht herum und wundern sich über Falten? Sie erinnern mich an den Kleptomanen mit der gespaltenen Persönlichkeit, der einmal bei mir Hilfe gesucht hatte, weil er ständig bestohlen wurde und das Diebesgut dann an völlig anderer Stelle in seiner Wohnung wiederfand. Auch bei ihm stellte sich heraus, dass er sich die ganze Zeit selbst bestohlen hatte.«

»Die ganze Zeit selbst ...«

»Ihre Jugend haben nur Sie selbst sich genommen, Herr Anicca. Nur Sie selbst.«

Herr Anicca sah sehr bestürzt aus bei dieser Enthüllung. Dann entspannte sich sein Gesicht etwas, und er schien nachzudenken. »Nun ja«, sagte er endlich. »Dann hat das wohl seine Richtigkeit so. Ich danke Ihnen, NN. Auf meinem Schreibtisch finden Sie einen Brief mit Ihrem Namen. Geben Sie den meinem Notar, er wird sich um Ihre Provision kümmern.«

Bei den letzten Worten hatte ich mich schon sehr weit vorbeugen müssen, um Herrn Anicca noch zu verstehen. »Dann ... dann kann ich ja jetzt loslassen«, sagte er. Er seufzte, seine Augen verdrehten sich und er schien gleichzeitig schwerer und leichter zu werden. Ich wich kurz entsetzt zurück. Dann beugte ich mich über ihn. »Ruhen Sie wohl, Herr Anicca.« Ich drückte kurz seine Hand, dann betätigte ich die Klingel neben seinem Bett.

Als seine Krankenschwester in der Tür erschien, erfasste sie sofort die Lage.

»Puh«, rümpfte sie jetzt ihre Nase, »wie lange ist der schon tot? Ich habe ihn doch vorhin noch gewa...«

»Nein«, unterbrach ich sie. »Der Geruch kommt von mir.«

Mit diesen Worten stand ich auf, ging zur Schwester, hob meinen Arm und wedelte ihr Luft aus meinem Achselbereich zu. Sie erbleichte, ich ging zufrieden hinaus.

So hatte ich an diesem Tag gleich zwei Leben berührt. Heute Nacht würde ich ruhig schlafen können.

Krank ist wie gesund, nur teurer

Herzlich willkommen im Auweia-Krankenhaus. Oh ja. Ich sehe schon. Sie sehen krank aus. Sehr krank! Das ist super. Hoffentlich was Ernstes! Sie wollen doch, dass Sie auch etwas bekommen für Ihr Geld. Sehen Sie, ein Krankenhaus ist wie jede andere Fabrik auch, wenn Sie unser Produkt – also die Heilung – in großen Mengen kaufen, wird es immer billiger.

Also … ich an Ihrer Stelle würde mir da sogar überlegen, ob ich mir nicht noch extra was einfange, damit es noch billiger wird. Sie müssen ja jetzt nicht gleich Hepatitis von Drogennadeln ablecken, aber lassen Sie sich doch mal von ein paar kleinen Kindern anniesen! Seit die Zahl der Impfgegner zunimmt, finden sich da schon wieder ganz spektakuläre Sachen dabei!

Wollen Sie nicht? Na gut, das ist Ihre Entscheidung.

Also, dann führe ich Sie erst einmal in die Untersuchungsbaracke. Ich hoffe, Sie haben ein paar Tage Zeit mitgebra…

Ach, Sie haben Geld! Ahhh. Das ist natürlich etwas anderes. Für Sie hat der Chefarzt in ein paar Minuten Zeit und ich hole mal gleich Ihren persönlichen Pfleger aus dem Schrank.

Was? Ja, unsere guten Pfleger – die für die wohlhabenden Patienten – lagern wir in Schränken. Es zieht die sonst immer so runter, wenn die normalen Pflegekräfte von der harten Arbeit erzählen. Außerdem haben wir so einen Verschleiß an normalen Pflegekräften, diese vielen neuen Gesichter würden unsere guten Pfleger leider verwirren.

Während wir alles vorbereiten, führe ich Sie schon mal etwas herum. Wie? Nein, Sie müssen nichts ausfüllen. Wir haben doch das Jahr 2050, alle Ihre Krankendaten sind doch auf dem Chip unter Ihrer Haut. Irgendein Scherzkeks hat Ihren Namen auf dem Chip übrigens in »Doofi von Blödnase« geändert. Vielleicht Ihre Kinder, die spielen gerne mit so etwas ...

Ach! Sie heißen so. Nein, die berühmte Adelsfamilie der von Blödnases kannte ich bislang leider nicht. Aber freut mich sehr, jetzt jemanden von Ihnen kennenzulernen.

Also, hier ist Ihr Zimmer, natürlich ein Einzelzimmer. Das Bett? Warum sich das bewegt? Ach so ... ähm, das sind ärmere Patienten. Kassenpatienten. Nein, keine Sorge, die sind ganz ruhig. Und total übergewichtig, jaja. Darauf liegen Sie wunderbar! Wundern Sie sich allerdings nicht: Ab und zu tauschen wir die aus, dann liegen Sie etwas anders, aber es sollte eigentlich immer bequem sein.

Warum wir sie austauschen? Nein, nein, haha, nein, nicht weil wir sie geheilt haben, der war gut. Heilen tun wir nun wirklich keine der ärmeren Patienten, das ist finanziell und zeitlich kaum drin.

Nee, die kommen in die Kantine. Nein, ... ähm, nicht direkt zum Arbeiten.

Man muss halt auch mit diesem demografischen Wandel umgehen. Es gibt nun immer mehr übergewichtige Menschen, gerade in den ärmeren Schichten. Und man kann ja nicht nur Deiche mit denen füllen.

Was? Das wussten Sie nicht? Damit die Deiche dem angestiegenen Meeresspiegel standhalten können, werden sie in den letzten Jahren mit fettleibigen Menschen gestopft.

Was? Nein, keine Sorge. Das ist völlig in Ordnung. Diese Menschen haben alle Burn-out und Depression, die melden sich sogar freiwillig. Und die Aussicht auf Altersarmut ist jetzt auch nicht so schön, da möchte man doch lieber als Deich noch einmal zu etwas nütze sein.

So. Hier wäre dann übrigens der Röntgenraum, hier werden wir Sie nachher untersuchen.

Wo die Maschine ist? Sie machen mir ja Spaß. Wie sollen wir uns denn so teure Technologie leisten? Selbst wenn Sie uns jetzt so ein Gerät kaufen würden, könnten wir das doch nie unterhalten. Nein. Hier schätzen mehr oder minder ausgebildete Fachkräfte einfach ab, wie es in Ihnen wohl aussehen mag, und malen das dann auf dieses große Blatt Papier dahinten. Bei Patienten wie Ihnen kommen dafür natürlich nur die besten Künstler und das feinste Büttenpapier zum Einsatz. Handgeschöpft!

Und keine Sorge. Was wirklich mit Ihnen nicht in Ordnung ist, sehen unsere Chirurgen dann, wenn sie Sie aufschneiden. Und ich sag mal so: Die sehen da auf jeden Fall was. Die arbeiten ja oftmals 36-Stunden-Schichten, was die alles durch den Schlafentzug sehen! Wir hatten schon Chirurgen im OP, die im Bauch des Patienten Horrorclowns gesehen haben. Und die müssen natürlich entfernt werden!

Aber keine Sorge, bei Patienten wie Ihnen machen die Chirurgen vorher natürlich ein kurzes Nickerchen. Und putschen sich danach sofort mit den besten Amphetaminen auf. Das klappt hervorragend. Und wenn Sie etwas finden – und so wie Sie aussehen, werden sie ziemlich sicher etwas finden –, haben wir gleich eine große Auswahl Organspender vor Ort.

Ja, genau, die Kassenpatienten. Da ist reichlich Material vorhanden. Das einzige Problem ist nur, dass die natürlich selbst krank sind, sonst wären die nicht hier. Das läuft dann so: Sie haben zum Beispiel Leberzirrhose. Na, wenn ich mir Sie genau angucke ... Sie haben also wahrscheinlich Leberzirrhose. Wir geben Ihnen dann die Leber von einem Kassenpatienten. Der soff aber womöglich auch, haben ja sonst nichts zu tun, die armen Schlucker. Schlucker ist gut, haha! Aber keine Sorge, wir suchen natürlich eine Leber aus, die noch halbwegs gut aussieht. Und wenn die dann auch hinüber ist, kommen Sie in einem Jahr einfach noch mal wieder. So haben wir alle immer was zu tun. Und so kriegen wir Sie auch ruckzuck wieder fit, Herr von Blödnase, wenn Sie ...

Was? Ach so. Ist gar nichts Körperliches bei Ihnen. Psychisch. Sie fühlen sich im Alter so allein, vor allem in Ihrer Gated Community mit all den Wachleuten? Also, ich zähle ja immer Geld, wenn ich mich einsam fühle, das ist für mich fast wie menschlicher Kontakt.

Ach so, das hilft Ihnen auch nicht mehr weiter? Das ist aber auch gar kein Problem. Wir verschreiben Ihnen einfach ein paar ganz starke Barbiturate. Da fühlen Sie die Einsamkeit gar nicht mehr so. Und das Beste: Wenn Sie die absetzen, dann haben Sie ganz fantastische Halluzinationen, da sind Sie erst recht nicht mehr einsam. Sie wissen ja: Siehst du erst mal weiße Mäuse, bist du nie allein zu Häuse. Hahaha! Kleiner Spaß. Aber das kriegen wir hin, gar kein Problem.

Na, dann einstweilen vielen Dank für Ihren Besuch und hoffentlich sehen wir uns bald wieder – hier im Auweia-Krankenhaus!

Radebrechend Sprache sprechen

In seiner »Logisch-philosophischen Abhandlung« sagte Ludwig Wittgenstein: »Die Grenzen meiner Sprache bedeuten die Grenzen meiner Welt.«

Später sollte er ergänzen: »AHHHHH. OH GOTT. DAS IST SCHEISSE NOCH MAL ECHT GEFÄHRLICH HIER!«

Wittgenstein hatte sich freiwillig als Soldat zum Ersten Weltkrieg gemeldet, um anhand einer zutiefst existenzbedrohenden Situation sein Bewusstsein zu erweitern. Man beachte, dass seit Erfindung von Bungee-Sprung und Achterbahn die Anzahl weltbekannter Philosophen in militärischen Einsätzen deutlich zurückging. Einzige Ausnahme: Jürgen Habermas beim C&A-Sommerschlussverkauf 2007. Ergebnis: drei Rippenbrüche, diverse Prellungen, ein neues Jackett.

Doch konzentrieren wir uns auf die erste Aussage des »Irren aus Wien« – wie Wittgenstein in meiner Familie zärtlich genannt wird: Was ich nicht spreche, kann ich nicht denken, wird nie sein. Man kann über diese These streiten, ich habe bereits über diese These gestritten. Ich habe mir dann gesagt, dass ich gewonnen habe, als die andere Person genervt den Raum verließ. Sprache siegt über das Denken.

Quod erat demonstrandum.

Das ist Latein für: bämm!

Was ich nicht spreche, kann ich nicht denken, wird nie sein. Daher danke ich an dieser Stelle dem Erfinder des Wortes »Dreier« und ebenso dem Menschen, der das Wort »Teufelsdreier« erfunden hat, um einen Dreier mit zwei Männern klar abzugrenzen.

Gleichzeitig verfluche ich die Sprache, die männliche Homosexualität meist so negativ belegt und »Schwuchtel« als Schimpfwort benutzt, dass sie mich um viele mögliche höchst erfreuliche Erlebnisse gebracht hat. Vielleicht hätte ich dann lernen können, dass »Teufelsdreier« für »teuflisch gut« steht.
Hehe, »steht«.

Jedenfalls versuche ich, immer offen im Geist und mit anderen Körperteilen zu sein, also wenn mich nachher abenteuerlustige Männer ansprechen wollen: Ich bin stets bereit, meine sprachlich bedingte Schüchternheit auf die Probe zu stellen.
Wo war ich?

Sprache! Man kann sich in Sprache verlieren. Wähle ich dieses Wort, trägt mich meine Gedankenkette an einen Ort, mit einem anderen Ausdruck an einen ganz anderen. Das Wichtige hierbei ist, dass mich das Denken immer wieder auf das Thema eines Dreiers zurückführt, denn: Wofür sind wir bitte sonst hier? Also, hier auf diesem Planeten. Und im Speziellen bei dieser Veranstaltung.
Ich habe stets klargestellt, dass ich mich nur auf Bühnen stelle in der Aussicht auf einen Dreier, und wenn der Veranstalter heute Abend mir schon wieder keine zwei interessierten Menschen aufgetrieben hat, dann doch hoffentlich wenigstens einen und er selbst zeigt sich auch etwas aufgeschlossen.

Zurück zur Sprache: Das mächtigste Werkzeug des Menschen hilft uns, über Zeit und Raum hinweg Ideen festzuhalten und zu teilen. Philosophische Gedanken von Platon – zweieinhalbtausend Jahre alt – können heute immer noch Menschen beeinflussen und sie sich außerdem fragen lassen, ob platonische Liebe wirklich so platonisch war, wenn man weiß, wie philosophische Mentoren mit den vorpubertären Knaben in ihrer Obhut so umgegangen sind. Dann kann man sich noch fragen, was wohl das altgriechische Wort für »Dreier« war, aber wenn man den Gedanken an vorpubertäre Knaben dabei noch nicht abgeschlossen hat, kann einen die Sprache hier auf einen Pfad führen, den man vielleicht gar nicht erkunden wollte und schon gar nicht sollte.

Das beweist erneut die Macht der Sprache. Ich habe nur mit Worten Bilder in den ein oder anderen Kopf gesetzt, die da vorher nicht waren.
Das tut mir leid.

Sprache kann also, wie jedes Werkzeug, auch eine Waffe sein. Man kann sich oder andere bei unsachgemäßem Gebrauch damit verletzen. Ich kann einen Satz so formulieren, dass die andere Person hinhört und darüber nachdenkt, oder so, dass sie sofort abblockt, mich hasst, die Beziehung beendet, mich auf die Straße setzt. Dann muss ich erst mal betteln, überhaupt meine Klamotten zu kriegen, damit ich überhaupt würdevoll nach Hause kann, und es folgen Wochen des Streits und des emotionalen Chaos und, Friederike, ich hab das echt ganz anders gemeint, ich wollte dir doch nur sagen, dass du dich freuen kannst, so eine attraktive Mutter zu haben, und dass ich mir vorstellen könnte, die ungewöhnlichsten Dinge mit ihr oder gar euch beiden zu tun –, aber das heißt doch nix!

Man muss sich also schon bewusst sein, dass es nicht egal ist, wie man etwas sagt. »Der Ton macht die Musik«, wie mein töpfernder Musiklehrer immer gesagt hat. Es macht einen Unterschied, ob ich zum Beispiel »Ärztinnen und Ärzte« sage oder eben nur »BelaFarinRod«. Und wenn ich rassistische Sprache benutze, sollte ich lieber auch ein echter Rassist sein, sonst ist das einfach nicht okay!

Zusammenfassend lässt sich sagen: Sprache beeinflusst unser Denken, sie überbrückt die tiefe Einsamkeit der menschlichen Existenz und kann zugleich bei unsachgemäßem Gebrauch zu einer ganz neuen Einsamkeit und einer Stalking-Anzeige von meiner Ex führen. Oder von ihrer Mutter.

Sprache als unser wichtigstes Werkzeug verdient es, dass wir uns ab und zu ein paar Gedanken drüber machen, Dinosaurier waren echt groß, haben aber nur als relativ kleine Vögel überlebt – was uns leider nichts über Sprache verrät, aber einem jedes Mal zu denken geben sollte, wenn man sich einbildet, man wäre cooler als ein Huhn. Ich bin generell experimentierfreudig, was Männer angeht, vor allem im Kontext eines Dreiers, und Wittgenstein hatte interessante Ansichten über Sprache, aber nicht wirklich alle Federn an der Boa.

Ich hoffe also, Sie mit meinem Vortrag überzeugen zu können, mich bei der Berufung zum Professor der Linguistik zu berücksichtigen – auch wenn ich außer dem eben gehaltenen Vortrag keine der notwendigen Voraussetzungen erfülle, Sie mir diverse dreiste Lügen in meinem Lebenslauf nachweisen konnten und ich im Anschreiben mehrfach das Wort »Linguisterei« benutzt habe. Ich hoffe, dass ich das Gespräch mit mindestens zwei von Ihnen bei einem kleinen Cocktail im Whirlpool noch vertiefen kann, und bedanke mich für Ihre Aufmerksamkeit.

Diesen Text anschauen:
https://youtu.be/HQRjAc6Mwqo

Tempus fugit.
Zu Deutsch: Fuck, bin ich alt!

Haaaaaaaaaa. – So beginnt nicht nur dieser Text, so beginnt seit etwa zehn Jahren alles in meinem Leben.

Haaaaaaaaaa. – Aufstehen.

Haaaaaaaaaa. – An die Arbeit.

Haaaaaaaaaa. – Energie sammeln, um gleich zu seufzen.

Haaaaaaaaaa. – So klingt es, wenn ich mich hinsetze. So würde es klingen, wenn ich wieder aufstehe. Aber meistens bleibe ich doch lieber sitzen.

Ich fühl mich alt.

Vor drei Jahren oder so war ich bei einer Studierendenparty in Kiel. Ich unterhielt mich mit einer jungen Studentin und habe für meine Verhältnisse sogar geflirtet, heißt: nicht zuuu seltsame Dinge gesagt.

Als sie meinte, es wäre toll, dass ich in meinem Alter noch feiern gehe, tat das weh. Ich hätte geweint, wären meine Tränendrüsen nicht schon eingeschrumpelt und vertrocknet.

38.

Ich bin 38.

Ich bin so alt.

In meinem Alter war Jimi Hendrix schon zehn Jahre tot. Den hol ich jetzt auch nicht mehr ein!

Gut, ich hab auch schon mal 'ne Gitarre angezündet. Aber wenn man die vorher nicht supergut spielt, beeindruckt das niemanden. Und in dieses Musikgeschäft darf ich jetzt auch nicht mehr.

38. Ich kann mittlerweile Sätze sagen wie: »In die Disco bin ich vor zwanzig Jahren öfter gegangen.«
Und ernte dafür verwirrte Blicke, weil ich das seltsame Wort »Disco« benutzt habe.
Niemand sollte einen Zeitraum von zwanzig Jahren überblicken können.

38! So alt sollten Menschen gar nicht werden. Durchschnittliche Lebenserwartung eines Steinzeit-Menschen? 33 Jahre.
Seit fünf Jahren weiß mein Körper nicht mehr, was er hier noch macht.

»*Only 90s kids will remember*«? – Ich habe die 90er komplett erlebt und ich erinnere mich an nichts!
Irgendwann in der Zeit muss mein Gedächtnis angefangen haben, nachzulassen.
Ich weiß nur nicht mehr, wann.

38. »Ach komm, so alt siehst du gar nicht aus! Du bist doch noch fresh. Nice. Sick!«
»Ja, sick! Sic transit gloria mundi.«
»Was?«
»So vergeht der Ruhm der Welt. Tempus fugit! O tempora, o mores!«
»Hör auf, Latein zu reden. So alt bist du nicht, dass es deine Muttersprache sein könnte!«

Das Krankenhaus, in dem ich geboren wurde, ist jetzt eine Geriatrie. Die wussten Bescheid, wie das mit mir kommt.
Alt. Ich bin so alt geworden.

Ich lasse euch an meiner Altersweisheit teilhaben:
Alles tut weh! Und dann wacht man erst auf!

»*Sex, drugs and rock 'n' roll?*« – Wie wäre es mit Impotenz, Kreislaufversagen beim schnellen Aufstehen und Bluthochdruck?

Ich bin so alt. Rentner stehen im Bus für mich auf und gucken beim Aussteigen schnell, ob ich noch atme.

Früher brauchte ich nach einer großen Mahlzeit ein Nickerchen. Jetzt schlafe ich einfach direkt mit dem Kopf auf dem Teller.

38! Als ich jung war, gab es zwei Deutschlands. Alles verliert man im Alter.
Ich rechne Euro noch in Mark um. Reichsmark!

Nächstes Jahr fange ich dann an, der Kassiererin im Supermarkt mein Portemonnaie einfach direkt hinzuhalten.

Ich würde bei meiner Krankenkasse einen Rollator beantragen, aber die wollten mir nicht glauben, dass ich die zwei Raten Zuzahlung noch schaffe.
Ich gebe Kindern Bonbons und keiner ruft mehr die Polizei!

Früher hat es mich gestört, wenn mich junge Leute gesiezt haben. Mittlerweile bestehe ich darauf!

Ich würde so gerne noch feiern gehen. Aber normale Clubs sind zu jung und Ü-30-Partys zu eklig.
Ja, feiert doch, macht doch rum, habt Spaß, ihr widerlich jungen Arschlöcher!
Ihr kommt auch noch in ein Alter, in dem der Kater zwei Tage anhält.
Ich hasse euch!

Gebt mir eure Jugend! Eure YouTube- und Insta-Influencer. Euren TikTok-Account. Vielleicht will ich ja auch mal meinen Mund zu Musik bewegen und damit berühmt werden.

Gebt mir eure Schuldramen! Euren ersten Liebeskummer. Das Gefühl, dass nichts im Leben so schmerzen wird. Denn es stimmt. Man gewöhnt sich an alles. Nichts tut mehr so weh wie beim ersten Mal. Nichts ist mehr so schön wie beim ersten Mal. Dafür überrascht einen auch fast nichts mehr.

»Waaas? Manchmal kann man sich auf Menschen nicht verlassen? Nein! Das hab ich ja noch nie erlebt.«
»Bestimmt kann man die menschliche Natur noch ändern. Die wiederkehrenden Muster der letzten Jahrtausende waren nur Zufall.«
Hahaha. Nein!
Man gewöhnt sich an alles im Alter. Das entspannt.
Ich bin mittlerweile fast schon so Zen, dass ich Erleuchtung kacke.

Es war ja nicht alles schlecht am Jungsein.
Aber auch nicht alles gut.
Behaltet sie doch, eure Scheißjugend!

Haaaaaaaaaa. – Ich muss mich setzen.

Wohin geht die Möwe im Winter?

Wohin geht die Möwe im Winter?
Was macht sie in der Kälte?
Frieren ihre Kinder?
Und kümmert das die Welt, hä?

Wen kümmern die Tiere
ohne Haus und Boiler?
Wer gibt ihnen Wärme?
Wer stopft ihre Mäuler?

Ich kann sie nicht versorgen,
bin mir selbst oft zu viel.
Doch ich hoff, es gibt sie noch morgen
auf der Welt und hier in Kiel.

Sollen nicht frieren und nicht darben,
sollen frei sein und zufrieden.
Sollen sich am Leben laben,
sollen kuscheln und sich lieben.

Wünsch den Möwen alles Gute,
soll'n ihr Leben schön gestalten.
Wünsch mir aber, dass sie auch
einfach mal die Fresse halten.